探究　学校図書館学

第5巻

情報メディアの活用

「探究　学校図書館学」編集委員会 編著

全国学校図書館協議会

はしがき

1997年の学校図書館法の改正にともない「学校図書館司書教諭講習規程」が改正された。全国学校図書館協議会は，この改正を受けて1998年12月に発表した「司書教諭講義要綱」第二次案にもとづき「新学校図書館学」全5巻を刊行した。その後，「司書教諭講義要綱」第二次案を本案とするために特別委員会で検討を重ね2009年10月に発表した「学校図書館司書教諭講習講義要綱」にもとづき「シリーズ学校図書館学」全5巻を刊行した。

このように，当会では講義要綱をおおむね10年の期間で見直してきた。今回も2018年に講義要綱改訂のための特別委員会を設置し，委員の互選により平久江祐司氏が委員長に就任した。委員会では，大学の授業回数を考慮して内容を精選するとともに，同年8月の「第41回全国学校図書館研究大会（富山・高岡大会）」にて改訂案を示し，多様な立場からの意見を求めた。その後，パブリックコメントも踏まえて再度議論を重ねた。また，今回の改訂にあたっての基本方針である「講義要綱（シラバス）は，大学ごと（教員ごと）に作るものである」をもとに，各大学で講義要綱作成の指針となるものとして，2019年1月に「学校図書館司書教諭講習講義指針」の名称で発表した。

この「探究　学校図書館学」全5巻は，講義指針にもとづき，「新学校図書館学」や「シリーズ学校図書館学」の成果を考慮しつつ，15回の授業を想定して刊行するものである。そのねらいの第一は，新学習指導要領に示された「主体的･対話的で深い学び」（いわゆるアクティブ･ラーニングの視点）での授業改善を推進する司書教諭養成のためのテキストとして，司書教諭を目指す教員や学生の学習に役立つことである。第二は，学校図書館を担当したり授業で学校図書館を活用したりしている人たちが，最新の学校図書館学の内容を系統的に学び，力量を高めようとする際の参考となることである。

「探究　学校図書館学」を編集するに当たり，次の点に留意した。

①　学校図書館学，図書館情報学，教育学，情報工学等の成果も取り入れる。

② 大学等で講義用のシラバス作成の参考になる章立て構成をする。

③ 専門用語の定義を明確にするとともに，全巻を通して表記等を統一する。ただし，文脈や記述内容により，異なる表現等をする場合もある。

知識基盤社会にあって新学習指導要領が目指す「知識･技能」の習得には，学校図書館の活用が欠かせない。図書館では，日本十進分類法の概念のもと世の中の知識が資料として分類整理されている。この資料（知識）を活用して，子どもたちは直面するさまざまな課題を解決するために探究の過程を通して学びを深めている。こうした一連の課題解決学習や探究型学習が日常化することで，「思考力・判断力・表現力」が育まれる。また，図書館の資料が教科別に分類されていないことで，教科等横断的な学びにも対応できる。

この，「探究　学校図書館学」全５巻が司書教諭の養成，読書指導や学び方指導を通して授業改善を進める担当職員の研鑽に役立つことを願う。

最後に講義指針の作成および「探究　学校図書館学」編集委員としてご尽力いただいた先生方，貴重な原稿をご執筆いただいた皆様に，お礼を申し上げたい。また，講義指針作成の段階から適切なご助言やご意見をお寄せいただくなど，大所高所からご支援いただいた全国各地の先生方にも謝意を表したい。多くの方々の熱意あるご支援により刊行にいたったことに心から感謝申し上げたい。

公益社団法人全国学校図書館協議会
理事長　設楽　敬一

「探究　学校図書館学」編集委員
第１巻　平久江祐司（筑波大学図書館情報メディア系）
第２巻　野口　武悟（専修大学文学部）
第３巻　鎌田　和宏（帝京大学教育学部）
第４巻　小川三和子（聖学院大学）
第５巻　河西由美子（鶴見大学文学部ドキュメンテーション学科）

序

「情報メディアの活用」は，1998年3月の「学校図書館司書教諭講習規程の一部を改正する省令」によって設置された，司書教諭資格科目の中では最も新しい科目である。科目設置当初はコンピュータやインターネットといった情報技術習得への対応に焦点化された観があったが，設置から20年余が経過した今日，情報端末の小型化・多機能化は進み，スマートフォンやタブレット端末は私たちの生活の中に深く入り込んでいる。子どもたちとて例外ではなく，情報機器使用開始時期の低年齢化や情報端末使用時間の増大，フェイクニュースの発生に伴うファクトチェックの必要性など，子どもとメディアを取り巻く状況には次々に新たな課題が生まれている。今ほど情報とメディアの学びのあり方が問われる時代は，長い歴史の中にも類を見ない。

本書では，学校図書館と情報教育の分野を越境する広い学識・知見・実践経験を有する執筆陣の参加を得て，教育のデジタル化など教育政策の動向，小学校, 中学校, 高等学校における先進的な教育実践を紹介することができた。

さらに，「情報メディアの活用」という科目の趣旨に即して，テキスト学習を補完する映像情報やウェブ情報源を可能な限り紹介するよう努めた。それらは編者自身が15年以上にわたり複数の大学における本科目の授業で採用した中で，現在も入手や再生が可能なものであり，歴代の受講生たちとのディスカッションの源になった素材群である。

本書刊行に際し，これまで本科目の学びを共にしてくれた諸氏，本書の執筆にあたり各専門分野において惜しみなく情報提供・情報共有をくださった各氏に感謝を申し上げるとともに，本書が学校図書館と情報・メディアの学びについて学ぶ上で，良き水先案内となることを願うものである。

第5巻編集委員　河西由美子

目次

第Ⅲ章　教育メディアの歴史（1）

第Ⅳ章　教育メディアの歴史（2）

第Ⅴ章　情報メディアの種類と特性（1）

第VI章　情報メディアの種類と特性（2）

第VII章　学校における ICT の活用

第VIII章　インターネット情報源と情報検索

第Ⅸ章　児童生徒の情報行動の実態と指導

第Ⅹ章　情報メディアの活用事例（小学校）

第XI章　情報メディアの活用事例（中学校）

第XII章　情報メディアの活用事例（高等学校）

第XIII章 特別な支援を要する児童生徒への情報メディアの活用事例

第XIV章　情報メディアを取り巻く連携の事例

第XV章　情報メディアをめぐる課題と展望

第1章　情報化が進展する社会

1　情報化の進展と私たちの生活

(1) 情報とは言葉である

情報とは，実は「言葉」である。私たちは，言葉で読み取り，言葉で考え，言葉で伝えている。本に書かれている情報も，インターネット上にある情報も，すべて言葉である。写真や動画は，それ自体は言葉ではないが，そこに描かれている事象を私たちが理解するときには，頭の中で言葉を使っている。わが国においては，言葉の多くは日本語である。すなわち，日本語に関する教育は，情報社会で生きていくための基盤をなすものである。

したがって，多くの情報を的確に理解しながら生き抜いていかなければならない次の世代の子どもたちには，言葉に親しむことや，言葉を使って考える力がさらに大切になる。

どの教科にも，教科としての基礎基本と同時に，現実社会とどのようにつながっているかという側面で児童生徒に指導する学習内容が存在する。例えば国語では，上手に話す，上手に書くということが，相手に情報を的確に伝えるための日本語の使い方の話であるという風に捉えることができる。理数系の教科では，データの処理や，その手順がしっかり守られていることが，世の中を論理的に見る方法となっており，生活・社会系の教科では，そこで扱っている学習内容は情報社会における私たちの生活や社会の様相とのかかわりであるとも見ることができる。表現系の教科では知的財産権が話題にできる。このように，普段の教科の学習指導の中で，当該教科の価値に加え，その教科内容が私たちが日々行っている情報を活用する活動にどうかかわっているのかについて考えさせたり，メディアを経由した情報収集や，根拠を持った情報の選択や判断，自分の持ち時間や紙幅を考え，相手の立場へ配慮した情報表現を行うことによって，すべての教科等で情報やメディアと学びのかかわりを考えさせることにつながっていく。

子どもたちが出会うテキストである教科書や書籍は，技術の進歩も手伝って一層ビジュアル化が進んでいる。インターネット上の情報は，文章と図や写真，動画の組み合わせによる表現であり，国語の授業で取り扱われる読解の学習は，文章のみでは不十分な時代に突入している。そのため今後の国語教育は，情報社会に生きる人を育てるといった観点からも，さまざまなメディアによって表現された情報を理解したり，さまざまなメディアを用いて表現したりするために，信頼性・妥当性なども含め，情報を多角的に吟味して構造化する力や，多様なメディアの特徴や効果を理解して活用する力を育成することが求められる。

また同時に，例えば出典の明示など，情報を引用する際に必要なきまり等を身につけさせる際は，論文等のような科学的な説明文の読み方・書き方の理解とともに，知的財産を尊重する際のマナーに関する著作権教育を行っているという視点を持つことも必要である。

（2）文章からの情報の取り出し

私たちは情報を取り扱う際に，言葉で思考するのだと書いた。では，子どもたちは言葉を適切に用いて，情報を取り出せているのだろうか。

国立情報学研究所の新井紀子教授は，東大合格を目指す人工知能（Artificial Intelligence：AI）である「東ロボくん」の開発者で著名であるが，AI の研究を通して，むしろ学校教育の課題となる子どもたちの読解力不足を指摘している。

機械学習によって，AI がある程度の確率で入試問題に正答することができるようになった。しかし，AI は文章の意味は理解していない。「東ロボくん」の研究によって，そんな AI が大学入試センター試験で偏差値 60 弱をはじき出した。ならば，わが国の一般的な受験生は，文章の意味を理解していない AI よりも読解力が下であるということになる。受験生たちは，もしかしたら問題文の意味を読解できていないのではないか。そう考えた新井教授は，全国の約 25,000 人の中高校生を対象にし，基礎的読解力を調査した。調査問題は，実際に教科書に書かれている文章をもとに新井氏らが開発したリーディングスキルテスト（RST）が用いられた[注1]。

ここでは，RST の問題例を国立情報学研究所から引用する[注2]。

（問題例）仏教は東南アジア、東アジアに、キリスト教はヨーロッパ、南北アメリカ、オセアニアに、イスラム教は北アフリカ、西アジア、中央アジア、東南アジアにおもに広がっている。

オセアニアに広がっているのは（　）である。

A ヒンドゥー教

B キリスト教

C イスラム教

D 仏教

この問題の正答はもちろん「B キリスト教」であるが，公立中学校の生徒の正答率は約 53%，公立高等学校の生徒でも約 81% にとどまっていた。最も多い誤答は「D 仏教」であり，公立中学校では約 31%，公立高等学校で約 19% が選択していた。

RST の結果は，学校現場にも衝撃的なインパクトとなった。新井[注3]は，わが国の中高校生たちが，AI に代替されやすいような読解力の身につけ方をしていることだけでなく，この調査が行われるまで，国でも学界でも民間でも「中高校生は教科書程度の日本語は読めているか」という問いについて一度も調査をしてこなかったことを指摘した。

問題の意味がわかった時にすっと解法が浮かぶということはだれもが経験していることである。家庭教師等の経験がある人なら，子どもが数学の問題が解けない場合に，原因として文章題の意味を理解できていないことがあることを経験しているだろう。

RST で問われた問題文は，母語である日本語で書かれていることから，自然に身についているという固定観念があったのではないか。わが国の国語教育では，文学作品を味わうような単元が中核を占めており，説明文の読解を徹底できていなかったのではないか。紙の教科書であっても，インターネット上の情報であっても，得られた情報を十分に読解できていないのではないか。新井の指摘は，わが国のこれまでの教育の弱点を痛烈に批判しているのである。

メディアの発達により，生涯にわたって学ぶための多くの材料はインターネットによって供給されるようになる。必要に応じて自ら情報を探しに行き，それらの情報を組み合わせて自己調整しながら自分の学習に役立てることが必要となる。読解力が低く誤読が多いということは，インターネット上の情報も誤って理解している可能性がある。情報モラルにかかわるような不適切な事案に子どもたちが巻き込まれてしまうのも，常識的な読解ができていないことが原因かもしれない。読解すべき対象は文章に限らず，グラフや表もある。「読み取る」だけでなく，「読み解く」（読解とはそう書く）ことも考えれば，妥当性を判断するための論理的な思考や常識も必要となる。

2　情報化社会で求められる能力をイメージする

(1) 学ぶ環境の変化

社会の変化が激しく予測が難しい時代を迎えた。これからの時代の学びはどのようになっていくのだろうか。

テクノロジーの進展により，これまで存在した職業が無くなり，新しい職業が誕生する。「人生 100 年時代」となり，長い人生のそれぞれのステージで，仕事へのかかわり方が変化する。多くの時間を仕事に費やせる若い時代，家庭をはじめとするさまざまなコミュニティを支えながら仕事をする時代，マネジメントに長けてくる中堅時代，若い頃のように体力は無くなってきたがこれまでの仕事でできた人脈や知恵を次の世代に申し送っていくシルバーの時代など，同じ仕事に就いていても仕事へのかかわり方は変化する。まして職業そのものが新陳代謝するのだから，人生の途中でキャリアチェンジをすることも一般的なことになった。

長い人生，常に学び続ける必要がある。社会人が大学や大学院に戻って学ぶような機会も増えている。欧米の一流大学から火がついたMOOC（Massive Open Online Course）というオンライン講義では，講義を無料で見ることができ，レポートや試験で一定の水準に達すれば履修証明が得られるようになっている。YouTube 等にはさまざまな学習動画が掲載されるようになっており，これらを活用すれば，自分の都合のよい時間にさまざまな場所で必要な時間をかけて学ぶことができる。

学び続ける時代の学校教育では，これまでのように知識をたくさん提供するだけでなく，それらの知識が学び続ける際に利用可能であることが求められるようになった。学びが実用的であることも求められ，小学校段階から英語が教科化されたり，テクノロジーを理解するためのプログラミング教育が導入されたりした。

さらに，「何を学ぶか」のみならず「どのように学ぶか」にも議論が及んだ。学ぶべき知識の多くが検索可能になっている現状をふまえ，Content Based な能力観から，それぞれの学び手や学習内容に依存した学び方のスキルの獲得を目指したCompetency Based な能力観の重視にシフトしている。

そして最も重視されることは，学び続ける素養を身につけることである。先に述べたように，人生の各ステージで働き方が変わるため常に学び続ける必要性が高まっている。インターネット等によって，学ぶリソースも多様に存在し，いつでも学べるようになっている。しかし，学ぶ意欲が無かったり，学び方が身についていないようでは学ぶことはできない。学ぶことを楽しいと思い，自己の興味・関心や理解度に応じて，必要なコンテンツ等を見つけ出し，自己のペースで学ぶ力が必要となる。

（2）情報活用能力の実態

インターネット等を利用して学ぶためには，コンピュータなどのICT の基本的な操作を身につけるだけでなく，ICTを自在に活用して自分に必要な情報を探し出し，吟味し，自己の考えと照らし合わせて表現し，ともに学ぶ他者と対話し,自己の知識を再構成しながら学んでいく能力が求められる。このときに必要となる，ICTの基本的操作のスキルや，情報を適切に扱う能力のことを，文部科学省では「情報活用能力」と呼んでいる。

文部科学省は，2013年に小学校第5学年児童（116校 3,343人）と中学校第2学年生徒（104校 3,338人）を抽出し，情報活用能力に関する調査をコンピュータ利用テスト（Computer Based Testing：CBT）で実施した。さらに2015年には，高等学校第2学年の生徒（135学科 4,552人）を抽出，同様に調査した（注4）。

調査の結果，児童生徒は整理された情報を読み取ることには比較的長けているが，複数のウェブページから目的に応じて特定の情報を見つけ出し関連づけるなど「情報の組合せ」による判断が十分でないことが課題であった。また，1分間当たりの文字入力数が小学校で5.9文字，中学校で17.4文字，高等学校で24.7文字にとどまっており，文字入力が思考や表現を妨げてしまっている可能性が示唆された。これらは，ICTを活用して学ぶ経験が希薄であることに起因すると考えられる。

さらに，基本的な情報モラルは理解しているが，情報の発信・伝達の際に他者の権利（肖像権や著作権）をふまえて適切に対処することに課題があること，情報処理の手順を考えてアルゴリズムを用いて表現することに課題があることなどが指摘された。これらは，情報社会に関する理解が表層的な段階にとどまっており，情報技術の仕組みや原理を理解していないことに起因すると考えられる。

情報活用能力の平均得点が上位10%に入る学校群の子どもたちは，下位の学校群と比べ,学校で「情報を収集すること」「表やグラフを作成すること」「発表するためのスライドや資料を作成すること」などのICT活用を授業内で行っている頻度が高い傾向にあることも明らかになった。

文部科学省による情報活用能力調査の結果が意味することは次のように整理できる。わが国の児童生徒は，整理されていない情報から必要な情報を取り出すことに課題がある。これは日本の優れた教員たちが情報を整理して渡し続けてきた結果かもしれない。ICT を用いた学習を高い頻度で行っている学校の子どもたちは，情報活用能力が高い。つまり，情報活用能力は，経験の連続によって身につく力であり，学校が児童生徒に ICT 活用経験をどれだけ保障しているかが重要な鍵を握っている。

（3）学習の基盤となる資質・能力としての情報活用能力

わが国の学校教育は，文部科学省が策定した学習指導要領に則って実施される。学習指導要領は小学校，中学校，高等学校，特別支援学校のそれぞれの校種に分かれ公布され，全体的な教育課程の運用を説明している総則と，各教科等の内容で構成されている。

2020 年度から施行されている現在の学習指導要領では，総則に「学習の基盤となる資質・能力」として，言語能力，情報活用能力（情報モラルを含む），問題発見・解決能力の３つが例示されている。「基盤」という言葉が示すように，これらは各教科等の学習においてベースとなって機能する資質・能力として説明されている。この１つに情報活用能力が含められており，その持つ意味は重大である。

学習指導要領で期待される学習活動として，いわゆるアクティブ・ラーニングがある。アクティブ・ラーニングにおいては，児童生徒がいくつもの情報を取り扱い，必要に応じてそれらを ICT で収集したり保存したり再加工したり情報共有したりといったシーンが想定される。このようなシーンで児童生徒が用いる資質・能力は，各教科等での学びの成果のみならず，ICT や情報を適切かつ効果的に活用する力であり，それが発揮されてこそアクティブ・ラーニングの視点からの授業改善が成立しやすくなる。ICT や情報を適切かつ効果的に活用するといった情報活用能力が，各教科等の学びを支える基盤として作用しているということになる。

加えて，小学校学習指導要領の総則には，「児童がコンピュータで文字を入力するなどの学習の基盤として必要となる情報手段の基本的な操作を習得するための学習活動」を計画的に行うことが示されている。ICT を活用する学習活動は，中学校以降においても各教科等において行われることから，小学校段階でICTの基本的な操作スキルの習得は一定程度の達成が期待されていることになる。

小学校学習指導要領解説の総則編には「学習活動を円滑に進めるために必要な程度の速さでのキーボードなどによる文字の入力」の必要性が挙げられている。単にキーボード入力ができるということではなく，学習活動がそれによって滞らない程度のスキル習得が期待値となる。キーボード入力に関するスキルは，一定期間の集中的な訓練によっていったん達成されると，その後はいつでも活用できるスキルであり，早い時期に確実に身につけさせておく方が望ましい。

情報活用能力は，1つの教科等の中で育てるというよりも，児童生徒の発達段階や，各教科等の特性を勘案しながら，教科横断的な視点で系統性が担保されるように育成していく必要がある。したがって，学校ごとのカリキュラム・マネジメントにその能力育成が影響されることになることを強く意識しておく必要がある。

3　教育と学校の情報化

(1) 学校と教員の現状

人口減少社会に突入して久しいわが国において，民間企業等では早くからICTやネットワークをふんだんに用いることができるよう投資して社員の働き方を改善し，有能な人材がパフォーマンスを発揮しやすい職場環境を整備していた。コストを下げ，在宅勤務を可能とするためのペーパーレス化も進めた。働く人々のスキルと働きやすい職場のマッチングも進み，人生100年時代を迎えた今，人生の各ステージにふさわしい職場で軽重をつけた働き方が実現するよう努力してきた。

これに対して学校現場では，必要なICTすら導入が遅れ，職場環境としては劣悪なまま，児童生徒や保護者の多様化に人力で対応しながら教員は疲弊し，有能な人材は学校現場を避けて私立学校や民間企業に向かう始末となっている。紙中心の職務は，情報の再利用が行いにくく非効率であるだけでなく，ペーパーレス社会にも逆行している。何より，情報化が進展しない職場環境で仕事をすることが常態化してしまうことにより，他業種との情報交換に支障を来しており，保護者からはなぜ今時まだ欠席連絡がメールでできず電話や連絡帳なのか，学校のウェブサイトはなぜ必要な情報すらオンタイムで公開されないのかという苦情を受けることになってしまっている。民間企業からは，学校にさまざまな形で支援をしようにも，メールやオンライン会議でやりとりできないため効率が悪く，スピード感が合わないと評価されるようになってしまっている。

学校のICT環境整備は，児童生徒の学習環境の問題だけでなく，教員の職場環境の問題として浮上してしまっているのである。

（2）GIGAスクール構想

国は長年，地方交付税交付金に学校のICT環境整備の費用を盛り込んできた。しかし，地方交付税の用途は自治体に委ねられているため，自治体の首長や教育委員会の情報化に対するビジョンによってICT環境整備に格差が生じていた。

OECDによる2018年の「生徒の学習到達度調査（PISA）」では，日本は学校内でも学校外でも学習でICTを利用する時間がOECD加盟国中で最下位であった。学習の道具として情報端末が整備されていないことが，生徒の経験の差につながっていることが明確になっていた。そしてこの自治体間格差が，2020年にわれわれを襲ったコロナ禍によって，国民に広く可視化されることとなった。

2019年末から2020年末にかけて，国は「GIGAスクール構想」として，国費による約5,000億円もの巨額の補正予算を設定した。児童生徒に１人１台情報端末が行きわたるようにするこの構想は，新しい時代を支える子どもたちの教育を施すために行われるものである。

これまで述べてきたように，学校で学ぶ道具として情報端末を用い，情報活用能力を高め，それを発揮しながら各教科の学習を深めていくような学習活動を実施することが求められている。押し寄せる多様な問題を解決できる能力の育成を目指して，毎時間の授業を問題の設定と解決と捉える目線を育て，情報端末を用いて多様なリソースにあたり，友だちと対話・協働しながら学ぶ経験をさせ，自己の知識・技能の更新を意識させることが求められている。これらは，いずれ変化の早い社会に出て行くすべての児童生徒に対して必要な経験なのである。そのような学習活動には，さまざまなリソースにアクセスすることが不可欠であり，必要な情報を共有したり再利用したりすることや，必要に応じてプレゼンテーションするような機会が多く生じる。だから１人１台の情報端末が必要なのである。

なお，情報端末そのものに注目が集まりがちであるが，何百台もの情報端末が頻繁にインターネットに接続し，クラウドに情報転送をし，動画等を視聴したりすることを保障するような高速ネットワークの確保が同時にきわめて重要なこととなっている。

（3）教科書のデジタル化と教育データ活用

GIGA スクール構想で児童生徒に１人１台の情報端末が配布されることにより，教科書のデジタル化が強く推進されることとなっている。

デジタル教科書は，障害のある児童生徒や外国籍の児童生徒等の増加に対して，合理的配慮を施しやすいことがすでに明らかになっている。これに加え，インターネット上に豊富に存在するデジタル教材や社会教育施設等の資料等とリンクすることが可能となり，児童生徒の興味・関心や学習状況に対応した学習支援を行いやすくなる。

そのためには，学習指導要領のコード化をはじめとする，教育データを活用しやすくする方策が必要となる。デジタル教科書のデータ形式の標準化，学習ログのデータ形式の標準化などについて，電子書籍や医療情報等のデータ活用の先例に学びながら教育データ活用についての検討が進んでいる。

4　学校図書館と情報メディアの活用

(1) 学校図書館の今日的な役割

学習指導要領解説総則編によれば，学校図書館は，①児童（生徒）の想像力を培い，学習に対する興味・関心等を呼び起こし，豊かな心や人間性，教養，創造力等を育む自由な読書活動や読書指導の場である「読書センター」としての機能，②児童（生徒）の自発的・主体的・協働的な学習活動を支援したり，授業の内容を豊かにしてその理解を深める「学習センター」としての機能，③児童（生徒）や教職員の情報ニーズに対応したり，児童（生徒）の情報の収集・選択・活用能力を育成する「情報センター」としての機能を有しているとされている。

このうち，③「情報センター」としての機能については，まさに情報活用能力の育成そのものを目指した機能である。また，②「学習センター」としての機能については，アクティブ・ラーニング等を意図した学習活動が想定されており，それらの学習活動に対して基盤となる資質・能力としての情報活用能力が働いていることが期待されるところである。

このことについて，学習指導要領解説総則編には，「各教科等を横断的に捉え，学校図書館の利活用を基にした情報活用能力を学校全体として計画的かつ体系的に指導するよう努めることが望まれる」ことや，「教育課程との関連を踏まえた学校図書館の利用指導・読書指導・情報活用に関する各種指導計画等に基づき，計画的・継続的に学校図書館の利活用が図られるよう努めることが大切である」など，情報活用能力の育成に関するカリキュラム・マネジメントに学校図書館の活用が組み込まれることが前提である記述が見られる。

図書館資料についても，図書資料のほか，雑誌，新聞，視聴覚資料，電子資料（各種記録媒体に記録・保存された資料，ネットワーク情報資源（ネットワークを介して得られる情報コンテンツ）等）等の図書以外の資料が含まれていると定義している。また，これらの図書館資料の活用を支援・指導する人材としての司書教諭および学校司書の配置の重要性も示されている。

(2) 情報社会における学校図書館への期待

図書館界は，これまでの情報活用能力の育成に大きく寄与してきた。文部科学省が設置した「情報化の進展に対応した初等中等教育における情報教育の推進等に関する調査研究協力者会議」による1998年８月の最終答申では，学校内の体制と外部からの支援体制として司書教諭が「メディア専門職」として位置づけられている[注5]。しかし，この答申から20年余りの間に，司書教諭が学校内でメディアの専門家として活躍したという事例は残念ながら数少ない。

次第に紙資源がデジタルに移行する今日，図書館教育とはどのようにあるべきかといった大きな転換点にあるのだろう。

図書館教育の今日的な課題として，①情報端末を常に持ち運びながら学習するという学習環境を生かした学校図書館，②検索等で見つからない情報が見えにくくなるという情報社会の仕組みを想定した図書関連情報データの公開，③学習指導要領コードと図書とのリンク，④デジタル教科書・教材をはじめとした電子書籍を学校図書館で積極的に扱うこと，⑤司書教諭の役割を大きくデジタルにシフトした業務見直しを行うことなどを指摘することができるだろう。情報技術の進展に通じ，情報活用能力の体系的な育成ができる司書教諭の存在と，司書教諭を中心としたダイナミックな図書館教育が展開されることを期待したい。

(堀田龍也)

〈注〉

(注１) 新井紀子『AI vs. 教科書が読めない子どもたち』東洋経済新報社　2018年

(注２) 国立情報学研究所「リーディングスキルテストの実例と結果（平成27年度実施予備調査)」2016年（https://www.nii.ac.jp/userimg/press_20160726-2.pdf［2021年２月１日現在参照可］)

(注３) 注１参照。

（注４）文部科学省「情報活用能力調査の結果について」2015 年（https://www.mext.go.jp/a_menu/shotou/zyouhou/1356188.htm[2021 年２月１日現在参照可]）

（注５）情報化の進展に対応した初等中等教育における情報教育の推進等に関する調査研究協力者会議「情報化の進展に対応した教育環境の実現に向けて（答申　）」1998 年（https://www.mext.go.jp/b_menu/shingi/chousa/shotou/002/toushin/980801.htm［2021 年２月１日現在参照可］）

教育・学習理論と情報メディアの活用

1　学校図書館を取り巻く今日的課題

第Ⅰ章で述べられているとおり，20 世紀終盤から 21 世紀初頭の現在までの 20 年間のコンピュータやネットワーク技術の革新は，これまでの教育や学習の形態に大きく揺さぶりをかけている。情報技術操作の習熟と，言語技術能力の向上は，相互に複雑に影響しながら学力として練り上げられていく，いわば車の両輪のようなものと言えるだろう。

学校図書館も「GIGA スクール構想」に代表される学校への情報技術の導入に取り残されることなく整備充実に努めなければならない。一方で，学校図書館がこれまで担ってきた伝統的な使命，すなわち読書活動を通して子どもたちの読む力の育成に貢献するという使命が，今日ますます重要であることは，第Ⅰ章で引用された新井紀子氏の AI 研究（注1）からも明らかであろう。

実は，読解力の問題は，新井氏の研究に先んじて，2003 年の OECD の国際学習到達度調査（PISA）の結果という形で，従来の日本の教育のあり方に衝撃と疑問符を突きつけていた。同調査における「読解力」の概念が，従来の日本の国語教育で取り扱われてきた文学作品や説明文の読解を超えて，図やグラフなどのビジュアルデータを含む，多様なフォーマットにおける情報を読み解く，という広範さを擁していたためである。当然ながら，そうしたトレーニングを受けてこなかった日本の子どもたちの読解力は，文部科学省をして「もはや学力トップクラスとは言えない」と語らせるまでの惨憺たる結果として示されることとなった（注2）。

このいわゆる「PISA 型読解力」が新たな能力概念として注目されることで，多種多様なフォーマットの情報源を所蔵し，提供し，読解のトレーニングを行う場所として，学校図書館に新たな光が当てられたことも事実である。いわゆる「PISAショック」を受けて復活した全国学力テストの分析においても，学校図書館が学力向上に果たす効果が評価された[注3]。多様な情報源に触れて学ぶことの必要性から，学校図書館に新聞配備の予算が付けられたのもこれら一連の流れを受けてのことである。

一方で，これまで日本の学校図書館が担ってきた，教養育成（心を豊かにする）のための読書指導や読書支援は，読書の習慣づけや，読むこと，書くことの補習の役割も含め今日においても充分に機能し続けている。読むという活動に親しむことは，言葉によって多くの情報処理を行っている人類に必須の基礎訓練であるが，残念なことにこの訓練は，短期間で急速に効果をあげることが難しい類のものである。児童生徒の知的発達の各段階に応じて，適した読書素材とのマッチングを絶えず工夫していく必要があり，子どもの読書にかかわる専門家としての教員や図書館員の存在意義もそこにある。いずれにせよ学校図書館は，長きにわたり読書推進を通じて間接的に学力の下支えに貢献してきたのであり，その役割の重要性は今後も変わらないだろう。

司書教諭資格科目の中では「読書と豊かな人間性」で取り上げられる読書推進のメソッドの中に，スペイン発祥の「読書へのアニマシオン」があるが，その始祖であるサルト氏が，同国の活字離れの子ども・若者たちに対して感じた使命こそ，ほかならぬ「子どもを読み手に育てる」というものであった。現代の学校制度において，文字の読み書きは教えられているが，「本の読み方」は教えられていない，というのがサルト氏の主張である[注4]。小説や詩やノンフィクションなどさまざまな形態のテキストを読みこなせるようになるためにはそれに特化した教育が必要である。これは，まさにPISA型読解力という新たな概念の提唱や，新井氏の「子どもたちは本当に教科書が読めているのか」という問いかけに通底する発想ではないだろうか。

本書は，このような転換点に立つ学校図書館において活躍できる司書教諭の姿を念頭に，今日の学校教育における情報やメディアの基礎知識と，その活用法について習得してもらうことを目指して編集されている。教員として，今日の学校が抱える多様な課題に向き合いつつ，図書館情報学や情報教育分野の素養を身につけ，複雑化する社会に生きる児童生徒の学びを支える，学習メディア情報センターとしての学校図書館の担い手としての司書教諭を待望してやまない。

2　情報活用能力と情報リテラシー

(1) 情報リテラシーという用語

日本の学校教育においては，情報を取り扱う概念は「情報活用能力」である。しかしながらその原語が「情報リテラシー」information literacy であり，英語圏では，図書館に関係した概念・運動と認識されていることは，日本ではほとんど知られていない。日本のマスコミでは，スマートフォンやパソコン等情報機器の取り扱いなど「情報リテラシー＝IT リテラシー」という狭義の概念が定着してきた。例えば，「IT 革命」が流行語となった 2000 年 6 月 24 日毎日新聞朝刊のコラム「ニュースの言葉」による情報リテラシーの定義は以下のとおりである。

> 多機能化するパソコンや携帯電話などの情報機器を自由自在に操作して情報を収集・活用できる能力（注 5）

こうした用例から，日本語に翻訳された時点では「図書館」に関係する概念は落ちてしまっていることがわかる。実はこのことが，現在の日本の学校教育，すなわち情報教育や学校図書館にも大きく関係している。本節では，図書館界に根差した情報リテラシーの概念について歴史的経緯を説明した上で，日本の情報教育において定義された情報活用能力の概念との関係について解説をほどこしたい。

(2) 情報リテラシーから情報活用能力へ

日本の教育行政文書の中に初めて「情報リテラシー」が登場したのは，

1986年の臨時教育審議会（以下「臨教審」）の経過概要[注6]においてであった。そこで初めて「情報リテラシー」という用語が登場している。しかしながら，この用語は同年に出た第二次答申[注7]では「情報活用能力」という日本語に置き換えられた。当時の社会において「リテラシー」ということばのなじみのなさを考えてみれば，当然の措置だったのかもしれないが，以後「情報活用能力」は，その後1998年の「情報化の進展に対応した初等中等教育における情報教育の推進等に関する調査研究協力者会議　最終報告」[注8]において，日本の情報教育における中核的な概念として用いられるようになり教育用語として定着した。ちなみに1986年の臨教審第二次答申[注9]では「情報活用能力」について，以下のように定義している。

> 情報及び情報手段を主体的に選択し活用していくための個人の基礎的資質

その後に新設される高等学校の教科「情報」の中核的な概念になっていく「情報活用能力」であるが，この時期の記述からは，必ずしも情報技術に特化した表現ではなく，同時期の米国で注目されつつあった図書館に関連した「情報リテラシー」の概念と共通する総合的な定義であることがわかる。実は「情報リテラシー」という用語こそ，日本における「情報活用能力」の起源であり，そこには，当時の米国の教育事情や図書館事情が反映されていたことが考えられる。

（3）米国における情報リテラシー教育の流れ

1983年に，米国教育省は米国の学力低下に関する警鐘ともいえる報告書「危機に立つ国家（Nation at Risk）」[注10]を発表した。直後，米国の図書館界はこの報告書に強く反発した[注11]。学力問題を扱っている報告書にもかかわらず，図書館の役割や貢献についての言及が全く含まれていなかったためである。

実際，米国の1980年代は，コンピュータが急速に大学や学校に入り始めていた時期で，図書館の存在価値が大きく揺さぶられていた時期でもあった。そこで米国図書館界は大きな戦略的転換を行うこととなる。“図書資料”のサービスから“情報”のサービスへの転換と，“情報を活用する能力育成を支援する”新しい図書館の役割のアピールであった。その結果，1980年代後半から，米国図書館界では，情報リテラシーに関するさまざまな定義や基準の制定が進むこととなった。

（4）「インフォメーション・パワー」―米国学校図書館のてびき

1988年には，米国学校図書館協会（AASL）と教育コミュニケーション工学協会（AECT）により学校図書館を対象としたガイドライン“Information Power”[注12]が発表された。米国では1960年代から視聴覚教育の勃興と連動する形で「学校図書館」の現代化が進行しており[注13]，「学校図書館メディアセンター」としてさまざまなメディアを取り扱う多機能な学習情報メディアセンターが指向されていた。学校図書館の専門職として学校図書館メディア専門家（School Library Media Specialist）が配置され，さらにこの“Information Power”により，学校図書館が情報リテラシーを有する生徒を育成する機関であることが高らかに宣言されることとなった。ちなみに，「インフォメーション・パワー」（日本語版）[注14]による情報リテラシーの定義は以下のとおりである。

> 情報が必要な場面を認識し，その在り処を突き止め，評価し，必要な情報を効果的に活用する能力

この定義は，人間が情報を処理する際のプロセスに基づいて記述されているが，その理論的基盤となっているのは，当時人工知能の研究で用いられた，人間の行動プロセスを分析しモデル化するというプロセスモデルを援用した各種の研究である。

その中でクルトー（Carol Kuhlthau）のプロセスモデル[注15]は，学校図書館専門職員としての勤務体験を活かし，長期にわたる実証的な研究から導

き出されたものとして高い評価を受け，現在にいたるまで学校図書館研究の被引用数としては突出しており，その後の研究や実践に与えた影響は大きい。

1990年代後半になると，教育の各段階における具体的な到達目標の設定が行われるようになった。この段階でのエポックメーキングは，前述の“Information Power”を刷新した“Information Power: Building Partnerships for Learning”（注16）の別冊として発表された“Information Literacy Standards for Student Learning”（児童・生徒の学習のための情報リテラシー基準）（注17）である。この基準は初等中等教育段階で育成される情報リテラシー教育の能力を，9つの基準（standards）と29の指標（indicators）をもって詳細に定めたものとして，その後世界的に大きな影響を与えた。同基準にも見られることであるが，米国における情報リテラシー教育の制度化は，こうした図書館情報学分野の利用者研究，すなわち情報利用者の行動に関する実証的な研究成果に裏づけられているところに特徴がある。

（5）学習情報センターとメディア専門職構想

1998年から1999年にかけて告示された学習指導要領（注18）では，「総合的な学習の時間」や高等学校の教科「情報」等，新設科目が大きな特色となった。これに先駆けた「情報化の進展に対応した初等中等教育における情報教育の推進等に関する調査研究協力者会議　最終報告」（注19）の中で，「学校内の体制と外部からの支援体制」という図が提示された（図表2－1）。これは日本の情報教育を新たに制度化する中で，既存の学校図書館および司書教諭に対して白羽の矢が立てられたことを示している。

日本図書館情報学会の構成員を中心とする科学研究プロジェクト「LIPER（Library and Information Professions and Education Renewal）情報専門職の養成に向けた図書館情報学教育体制の再構築に関する総合的研究」（注20）では，学校図書館班の研究の一貫として，情報教育を含む各分野の有識者から学校図書館像，学校図書館専門職像，またそれらへ期待する役割についての聞き取り調査が実施された。同調査によって，国立教育政策研究所教育情

図表２－１　情報化の進展に対応した教育環境の実現に向けて

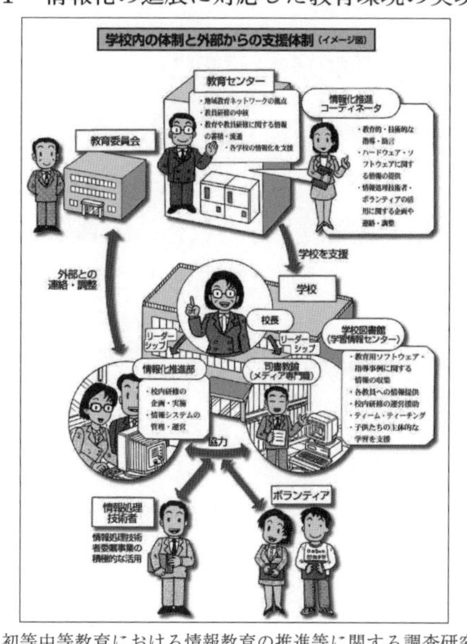

「情報化の進展に対応した初等中等教育における情報教育の推進等に関する調査研究協力者会議　最終報告」（1998）

報研究センター長・清水康敬氏（2004年１月当時）が，この図において司書教諭を「メディア専門職」として位置づける提案をされたことが確認された。

清水氏は「メディア専門家の役割とは，①従来の所蔵資料に加えて，②インターネット上の資料を取り扱う。いわばメディアの融合をにらんだ役割を期待する」とし，「①学習課題の目標の明確化に貢献する（何を調べたらいいのかわからない，あるいは検索支援など）②最適なメディアへのガイド役（インターネットが常に最適のメディアとは限らない。活字メディアが最適である場合も存在する）③インターネットにより実現した公式情報へのアクセスや，速報性といった利点の紹介と活用」等をあげ，諸外国の先行事例として，「米国においては，T.T（team teaching）などの形式において，メディア活用支援をメディア専門職が行っていた。英国においてはライブラリアンが校内のICTリーダーの役割を務めていた」と，米国における学校図書館とメディア専門職のあり方が，日本の学校図書館と司書教諭に期待を寄せる根拠となっていたことを話されている(注 21)。

(6) 情報教育と学校図書館の融合可能性

「高等学校学習指導要領解説―情報編」(2000)(注 22)では，情報活用の実践力とは，「単にコンピュータや情報通信ネットワークが使えるということではない」と断りを入れ，「課題や目的に合った手段は何かを考えることから出発する」「実際に経験を積むことと得られた結果を評価し改善を図る」ことの重要性を指摘している(注 23)。

同解説では，情報教育の体系化のイメージとして，この「情報活用の実践力」の育成については，各教科および総合的な学習の時間での活用における実践を想定し，他教科との関連において「学校図書館を計画的に利用しその機能の活用を図ることも大切である。書籍やビデオなどの情報とコンピュータや情報通信ネットワークを合わせて利用できるようにした学校図書館を，学習情報センターとして生徒の主体的な学習活動に役立てていけるように整備を図り活用していくことが必要である」と学校図書館に関する言及がある(注 24)。

残念ながらこの時期の情報教育側からの呼び掛けに対して，学校図書館界からは目立った反応がなかった。米国の学校図書館界は 1960 年代に視聴覚教育と結びつき，学校図書館がメディアセンター化した経緯がある(注 25)が，2000 年前後のこの時期に学校図書館と情報教育が接近し協力関係が成立していれば，日本においても米国に半世紀遅れて学校図書館が情報化する好機となっていた可能性がある。

(7) 日本の情報教育概念と米国情報リテラシー基準

1997 年の「情報化の進展に対応した初等中等教育における情報教育の推進等に関する調査研究協力者会議」の第一次報告(注 26)では，情報教育の目標を①「情報活用の実践力」，②「情報の科学的な理解」，③「情報社会に参画する態度」の３つの観点に整理している。このうち，とくに①については「課題や目的に応じて情報手段を適切に活用することを含めて，必要な情報を主体的に収集・判断・表現・処理・創造し，受け手の状況などをふまえて発信・伝達できる能力」[注27]としており，図書館における利用者教育や調べ学習等の実践と共通する概念が列挙されている。

図表２－２はその能力概念図と，同時期に米国で発表された情報リテラシー基準の下部概念を比較したものである。米国の基準では，情報行動研究から導出したプロセスモデルをふまえて情報を取り扱う各段階が詳細に記述されていることがわかる。図書館情報学分野の知見が日本の情報教育と融合すれば，情報教育・学校図書館の双方の分野にとって豊かな実りが得られたことであろう。結果的にこの時のすれ違いが，日本の情報教育の中に図書館情報学の要素が全く含まれない今日の状況を生む遠因となったことは否めない。

図表２－２　情報活用能力概念図と米国の情報リテラシー基準

「情報化の進展に対応した初等中等教育における情報化の推進等に関する調査研究協力者会議」第一次報告における概念「収集･判断･表現･処理･創造･発信／伝達」(1998)

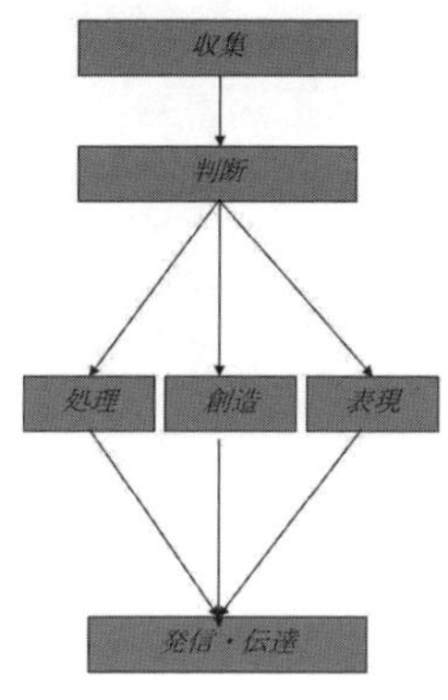

米国のインフォメーション・リテラシー基準の下部にあたる13の指標（1998）

1　情報の必要性を認識
2　知的な意思決定の基礎とは
3　情報の必要性に基づいた問題設定
4　情報ソースの見分け
5　情報探索の戦略を作り、活用する
6　正確さ、関係性、幅広さの意味
7　事実と視点と意見の違い
8　不正確な情報を見抜く
9　設問に対する適当な情報の選択
10　情報の実際的な利用・運用
11　既存の知識と新しい情報の統合
12　批判的思考と問題解決
13　情報やアイディアを適当な形式で表現・伝達する

(8) 情報リテラシーと情報活用能力の概念の変遷

情報活用能力の定義や成立の過程では，米国の情報リテラシー概念を意識した，単なるコンピュータリテラシーにとどまらない広義の能力モデルを有していたものの，前述のとおり，成立の過程で学校図書館との接点を得ることができず，その結果，文献探索や情報検索，リサーチ・リテラシーといった学校図書館固有の知見や実践研究も現行のカリキュラムにはほとんど反映されていない。その経緯を図表2－3に示した。

図表2－3　Information Literacy と情報活用能力概念のねじれ

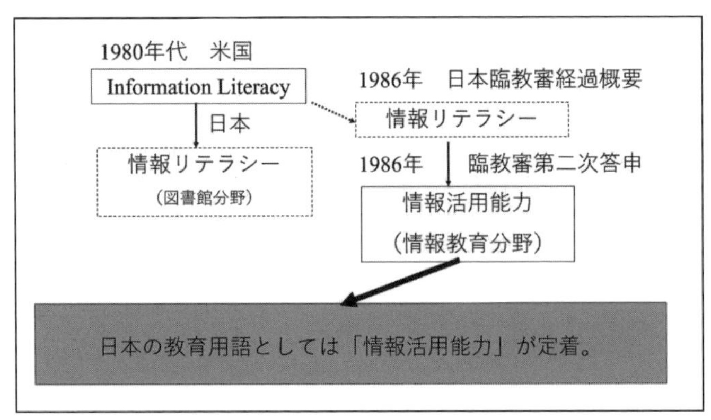

2000年前後に政府の「ミレニアム・プロジェクト」(注28) として，「教育の情報化」「学校の情報化」が叫ばれたが，20年後の今日にいたっても学校図書館の情報化は遅々として進んでいない。「GIGA スクール構想」のような国家的な取り組みの中に学校図書館が位置づけられるよう働き掛けることが求められる。

3　情報リテラシーと学習観

（1）学習に埋め込まれる情報リテラシー教育

2000年代に入り，世界の学校図書館界では，線的なプロセスをなぞる情報リテラシー教育モデルの限界が指摘され，情報リテラシーの効果的な育成のためには，教科学習の文脈の中で情報プロセスを体験することがより良いという構成主義的な傾向が高まった。

2004年，カナダ・アルバータ州では州レベルの教育の手引き“Focus on Inquiry”（探究を重視した学び）[注29]を策定し，学校図書館での実践を促した。同手引きでは，探究型学習を以下のように定義をしている。

> 生徒が自身の学びに関わり，問いを生成し，幅広く探索し，新しい理解，意味，知識を構成していくこと[注30]

「探究を重視した学び」は，学習者が主体的に探究する活動を含む問題解決学習やプロジェクト学習などで展開される。日本でいう「調べ学習」に近いが，「調べ学習」は学術用語ではなく厳密な定義もないため，ここでは図書館を基盤とした学習として「図書館における資料を活用した調べ学習」として探究型学習を捉えることとしたい。

1980年代にプロセスモデルの開発を通して情報リテラシー教育の理論構築に貢献した米国のクルトーは，2000年代後半に，“Guided Inquiry”（導かれた探究）という概念を提唱し始めた[注31]。その概念には，子どもが情報を探索する際のプロセスを重視する，自身のモデルの要素が色濃く反映されている。モデルの各段階を，教科学習における探究に活かすための段階ごとの指導方法について詳述したものが，2012年の“Guided Inquiry Design: A Framework for Inquiry in Your School”（導かれた探究のためのデザイン：学校における探究学習の枠組み）[注32]である。このプロセスは，教員の立場ではなく，学習者の立場でデザインすることに重点が置かれている。図表

２－４は８つの段階の詳細である。

図表２－４　GI モデルの各段階詳細

Guided Inquiry（GI）の段階	探究コミュニティが Guided Inquiry において行うこと
Open 導入	・探究への招待 ・心を開かせる ・好奇心を刺激する
Immerse 没入する	・背景知識の構築 ・内容への関連づけ ・興味深いアイディアを発見
Explore 探検する	・興味深いアイディアを試す ・視野を広げる ・没入する
Identity 特定する	・じっくりと考える ・探究のための問いを決定する ・方向性を決定する
Gather 収集する	・重要な情報を集める ・より深い，より広い情報に目を向けさせる
Create 創造する	・学びを振り返る ・事実関係から意味付けへ進む ・発表のための表現を行う
Share 共有する	・相互に学びあう ・学びを共有する ・自身の物語を語る
Evaluate 評価する	・学習目標の達成度を評価する ・最終成果を評価する ・探究過程を評価する

Kuhlthau,C.C., Maniotes, L.K., and Caspari, A.K., Guided Inquiry Design: A Framework for Inquiry in Your School, 2012. p.30 Figure2.4 の表を翻訳作表

米国で 1980 年代から 1990 年代にかけて２度にわたり「インフォメーション・パワー」というタイトルを冠した学校図書館ガイドラインが発表されたことは前述したが，2007 年に米国学校図書館協会（AASL）が発表した “Empowering Learners: Guidelines for School Library Programs”[注 33]（学

校図書館メディアプログラムのためのガイドライン）と“Standards for the 21st-Century Learner”（注34）（21世紀を生きる学習者のための活動基準）（注35）では，もはや情報リテラシーは中核的概念ではない。21世紀を迎え，情報リテラシーはより包括的な能力概念の一部として内包されることになったのである。

（2）各種学力調査と求められる学力・能力概念

2000年代に入ると，15歳を対象としたOECDのPISA調査（国際学習到達度調査）（注36）が始まり，日本の第2回参加の2003年の読解力調査結果では，参加国の平均を下回る得点にとどまり，かつ順位も大幅に下がり，政府も日本の生徒の学力は「もはやトップクラスではない」と異例のコメントを発表するなど，いわゆる「PISAショック」に陥った。同時に「ゆとり教育」批判，学力低下論議等も相まって全国学力調査が復活することとなった。

2007（平成19）年度から全国学力・学習状況調査が開始され，読書や学校図書館に関する調査項目も含まれた。最後の悉皆調査である2009（平成21）年度の全国学力調査の分析（注37）からは，小学校・中学校ともに，「本やインターネットなどを使った資料の調べ方の指導」「資料を使った発表の指導」「自分で調べたことや考えたことを分かりやすく文章に書かせる指導」の内容は，学力調査の結果と強い関連があるとする結果が出た。これらの活動は学習環境の整備を前提としており，国の学校図書館への人材配置や資料整備などを促す要因となっている。

また，PISA型読解力―文学作品の読解だけではなく，科学的な情報や新聞など，あるいはグラフや地図の読解，目的が異なる情報の読み解き―の育成のための資料センターとしての学校図書館の役割が期待され，新聞購読や学校司書の配置のための予算が増額されることになった。

2020年以降の新たな学習指導要領（注38）の施行に向けて，学校現場では前倒しの取り組みも始まっている。策定の過程で独り歩きしていたキーワードは「アクティブ・ラーニング」であったが，最終的には「主体的・対話的で深い学び」という文言により，自立した学習者が協働的に学ぶことで，受け身ではなく，高次の思考活動に通じる深い学びにいたることを目指したものとなった。基本的には1998年からの「生きる力」の路線は変わっておらず，基礎基本の学力とともに，複雑化し高度化する社会情勢を生き抜くための応用的な能力を育成することが教育目標として掲げられていることがわかる。

学校図書館がことに大きな役割を期待されているのは，高等学校で始まる「総合的な探究の時間」である。PISA型読解力の育成という課題をふまえて，実験結果やデータの解釈，さまざまな媒体における情報の読解などに取り組んできた学校現場であるが，さらに直面する課題に対して探究するという，一段階高い学習目標が提示されたのである。学校図書館が担う役割はきわめて大きく，学習情報センターとしての真価が発揮されることに期待したい。

4　メディアリテラシー：メディア「を」学ぶ

2000年代以降に，日本においてもメディアリテラシーという概念が脚光を浴び，教育現場やテレビを中心とするマスメディア業界にも大きなインパクトを与えた。

契機の1つに，米国在住のジャーナリスト・菅谷明子による『メディア・リテラシー—世界の現場から』[注39]がある。日本では教科としての独立はおろか，教員養成においてもそれまでほとんど注意が払われてこなかった，批判的思考の指導をともなうメディアリテラシー教育について，先進国の現状を報告した同書は大いに関心を喚起した。

日本においても，それ以前からメディアリテラシー教育の必要性を説く声は存在していた[注40]。そこに2000年というデジタルメディアの認知が高まりつつあった時代の世相が加わり，多様なリテラシーの必要性を切実なものとした社会情勢があったのだろう。

山内祐平は2003年の著書『デジタル社会のリテラシー』[注41]の中で，「情報化社会に必要とされている能力は，リテラシーということばを使って語られることが多い」とし，「リテラシーは，文字の読み書き能力を指したことばであるが，社会を生きていくために必須の能力という意味でも使われている」としている[注42]。1990年代以降インターネットによってもたらされた情報爆発を受けて，従来の文字の読み書き能力に代わる新しい付加的なリテラシーを求めるのは世界共通の要請だったともいえる。山内は，2000年前後に噴出し乱立した多様なリテラシーの概念を「混迷するリテラシー」[注43]と呼び，その相互関係と乱立するリテラシーの系譜を整理し，中でもとくに情報，メディア，技術の３つのリテラシーについて整理を行っている（図表２－５）。

図表２－５　情報・メディア・技術のリテラシーの相関図（山内　2003）[注44]

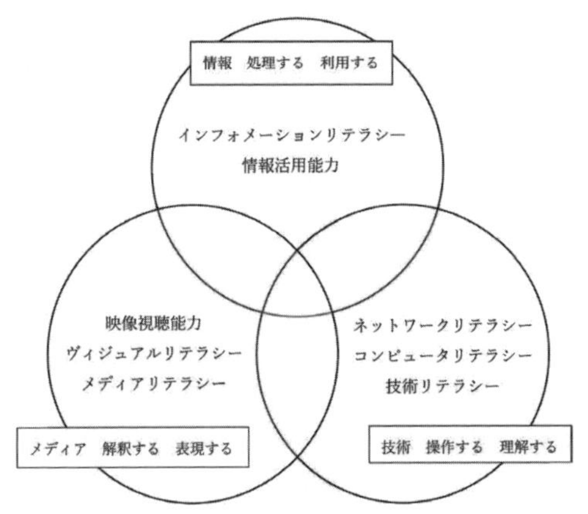

メディアリテラシーの定義にもさまざまなものがあるが，ここでは，2000年代に前述の菅谷や山内とともに「メルプロジェクト」[注45]として東京大学を中心にメディアリテラシー教育実践に取り組んだ水越伸（2002）による定義[注46]を紹介する。

メディア・リテラシーとは，人間がメディアに媒介された情報を，送り手によって構成されたものとして批判的に受容し，解釈すると同時に，自らの思想や意見，感じていることなどをメディアによって構成的に表現し，コミュニケーションの回路を生み出していくという，複合的な能力のことである。

水越は,「複合的なメディア･リテラシー」として,「メディアの使用能力,受容能力,表現能力」という３つの層を示し,メディアリテラシーという概念を多層的に捉えている。

しかしこの定義からおよそ10年後に水越は「日本においてメディア・リテラシーということばがよく用いられ,活動が展開されてきた領域」として,①英語圏諸国のメディア教育,②「視聴覚教育･放送教育の流れにコンピュータ教育・情報教育の流れが注ぎ込まれた,教科「情報」や「総合的な学習の時間」に代表される学校教育の領域,③デジタル機器技術操作教育の領域の３つをあげている。そしてそれらの領域が充分に連携することなくばらばらに展開してきたため,メディアリテラシーということばが各領域において独自の意味合いを帯びるようになり,結果として,理論的にも実践的にも十分な奥行きを持って発達してきたとはいいがたいと述べている[注47]。

ここで起こっている概念の揺れは,第２節で触れた情報リテラシーの図書館界とそれ以外の社会領域における差異とも通じるものがあり,各種のリテラシー概念自体が輸入された概念であり,多分に比喩的に用いられる以上,日本国内において統一認識をもって定着するまでにはさらなる時間を要するのかもしれない。各種の研究会や講演・講義などでこれらのリテラシー概念に触れたり学んだりする場合には,語り手による概念の揺れが存在することは否めないため,どのような領域・分野を背景として語られているのか,整理をしながら理解しなければ混乱を招くだろう。

水越のメディアリテラシーの定義には,「批判的に受容し,解釈する」という批判的思考の記述が含まれている。欧米の図書館教育やメディア教育の事例を見る限り,情報リテラシーとメディアリテラシーの２つの概念はほぼ不可分のものとして取り扱われている。それは情報やメディアを活用した学習の目標が,批判的思考の育成やコミュニケーションといったところに置かれていることによる。情報リテラシーにもメディアリテラシーにも,それらのうちの技術操作的な側面のみを捉える傾向は国内外に存在しているが,これらの限定的な捉え方は，リテラシーの概念やそれらの教育に内在・通底している批判的思考の重要さを見過ごしかねない懸念をはらんでいる。情報リテラシーやメディアリテラシーは，自立した学習者であり，メディア・情報の消費者に求められる素養，学校で教育すべき思考力についての意識が不可欠であると考えるものである。

（河西由美子）

〈注〉

（注１）新井紀子『AI vs. 教科書が読めない子どもたち』東洋経済新報社　2018 年

（注２）2004 年 12 月 7 日付けの毎日新聞記事によれば，41 か国・地域が参加した 2003 年の PISA テストで，文章やグラフの読解力で日本は 14 位（498 点）と，前回の８位（522 点）から順位も平均点も下がり，加盟国の平均（500 点）水準に落ち込んだ。これを受けて，文部科学省は，それまで「世界トップレベル」としてきた子どもの学力について「（読解力をはじめ）最上位（世界トップレベル）とは言えない」と前例のない表現で危機感を示し，読解力の向上プログラムを来夏までに作る方針を表明した。

（注３）国立大学法人静岡大学『学力向上のための読書活動：「学校図書館活用ハンドブック」』（平成 21 年度文部科学省委託事業「学力調査を活用した専門的な課題分析に関する調査研究」）2010 年（https://www.j-sla.or.jp/pdfs/material/gakuryoku_kojo.pdf［2021 年２月１日現在参照可］）

（注４）サルト，M.M.『読書へのアニマシオン：75 の作戦』柏書房　2001 年

（注５）2000 年６月 24 日付け朝刊　毎日新聞「ニュースの言葉」

（注６）文部省『臨時教育審議会経過概要』第７章　1986 年

（注７）文部省『臨時教育審議会第二次答申』1986 年

（注８）文部省『情報化の進展に対応した初等中等教育における情報教育の推進等に関する調査研究協力者会議　最終報告』1998 年（http://www.mext.go.jp/b_menu/shingi/chousa/shotou/002/toushin/980801.htm［2021 年２月１日現在参照可］）

（注９）注７参照。

（注 10）National Commission on Excellence in Education. Nation at Risk. 1983 （http://www.ed.gov/pubs/NatAtRisk/risk.html［2021 年２月１日現在参照可］）

（注 11）United States Department of Education. Office of Educational Research and Improvement, Center for Libraries and Education Improvement. Alliance for Excellence - Librarians Respond to A Nation at Risk：Recommendations and Strategies from Libraries and the Learning Society. 1984

（注 12）American Association of School Librarians, Association for Educational Communications and Technology. Information Power. American Library Association. 1988

（注 13）古賀節子「アメリカ学校図書館の変遷―４―1960 年代から今日まで」現代の図書館. 1972. 10（４） p.194

（注 14）以下の日本語訳を参照。アメリカ・スクール・ライブラリアン協会，教育コミュニケーション工学協会　共編『インフォメーション・パワー：学習のためのパートナーシップの構築』同志社大学　2000 年

（注 15）Kuhlthau, C.C. Information Search Process: A Summary of Research and Implications for School Library Media Programs. School Library Media Quarterly. 1989, Vol. 22 No.1

（注 16）American Association of School Librarians, Association for Educational Communications and Technology. Information Power - Building Partnerships for Learning. American Library Association. 1998

（注 17）American Association of School Librarians, Association for Educational Communications and Technology. Information Literacy Standards for Student Learning. American Library Association. 1996

（注 18）文部省『高等学校学習指導要領解説』2000 年

（注 19）注８参照。

（注 20）上田修一（研究代表者）情報専門職の養成に向けた図書館情報学教育体制の再構築に関する総合的研究. 平成 15 年度～平成 17 年度科学研究費補助金（基盤研究（Ａ））研究成果報告書. 課題番号 15200017. 2006 年（http://jslis.jp/liper/index.html［2021 年２月１日現在参照可］）

（注 21）注 20 参照。

（注 22）文部省『高等学校学習指導要領解説―情報編』2000 年

（注 23）注 22 参照。

（注 24）注 22 参照。

（注 25）注 13 参照。

（注 26）文部省『情報化の進展に対応した初等中等教育における情報教育の推進等

に関する調査研究協力者会議　第一次報告』1997年
（注27）注26参照。
（注28）首相官邸『ミレニアム・プロジェクト（新しい千年紀プロジェクト）について』1999年12月19日（https://www.kantei.go.jp/jp/mille/［2021年2月1日現在参照可］）
（注29）Alberta. Alberta Learning. Learning and Teaching Resources Branch, Focus on Inquiry : A teacher's guide to implementing inquiry-based learning. 2004（http://education.alberta.ca/media/313361/focusoninquiry.pdf［2021年2月1日現在参照可］）
（注30）注29参照。翻訳は筆者による。
（注31）Kuhlthau, C.C, Caspari, A.K. and Maniotes, L.K., Guided inquiry : learning in the 21st century. Libraries Unlimited. 2007
（注32）Kuhlthau,C.C., Maniotes, L.K., and Caspari, A.K., Guided Inquiry Design: A Framework for Inquiry in Your School. 2012
（注33）Empowering Learners: Guidelines for School Library Programs. American Association of School Librarians. 2009
（注34）Standards for the 21st-Century Learner. American Association of School Librarians. 2007
（注35）注33および注34については，それぞれ以下の日本語訳が存在する。渡辺信一，平久江祐司，柳勝文（監訳），アメリカ・スクール・ライブラリアン協会（編集），全国SLA海外資料委員会（翻訳）『学校図書館メディアプログラムのためのガイドライン：シリーズ学習者のエンパワーメント第2巻』2010年。渡辺信一，平久江祐司，柳勝文（監訳），アメリカ・スクール・ライブラリアン協会（編集），全国SLA海外資料委員会（翻訳）21世紀を生きる学習者のための活動基準（シリーズ学習者のエンパワーメント）2010年
（注36）2000年調査以降各回の報告書は以下のとおり日本語で刊行されている。国立教育政策研究所（編集）『生きるための知識と技能OECD生徒の学習到達度調査（PISA）』2002年－2019年
（注37）村山功「第4章　学力向上に向けた読書・学校図書館に関する効果的な取組」国立青少年教育振興機構『子どもの読書活動と人材育成に関する調査研究（地域・学校ワーキンググループ）報告書』2013年（http://www.niye.go.jp/kenkyu_houkoku/contents/detail/i/79/［2021年2月1日現在参照可］）
（注38）文部科学省『学習指導要領』2017年（https://www.mext.go.jp/a_menu/

shotou/new-cs/1383986.htm［2021年2月1日現在参照可］）

（注39）菅谷明子『メディア・リテラシー―世界の現場から』岩波書店　2000年

（注40）FCTメディアリテラシー研究所（1977年～）（http://www.mlpj.org/ab/index.shtml［2021年2月1日現在参照可］）

（注41）山内祐平著『デジタル社会のリテラシー』岩波書店　2003年

（注42）注41参照。

（注43）注41参照。

（注44）注41参照。

（注45）メルプロジェクトによる著作には以下がある。水越伸，東京大学情報学環メルプロジェクト編集『メディアリテラシー・ワークショップ―情報社会を学ぶ・遊ぶ・表現する』東京大学出版会　2009年

（注46）水越伸著『新版デジタル・メディア社会』岩波書店　2002年

（注47）水越伸著『（2011）21世紀メディア論』放送大学教育振興会　2011年 p.156-157

第Ⅲ章　教育メディアの歴史（1）

1　教育メディアの多様性

マリア・モンテッソーリがローマに「子どもの家」を開設したのは1907年のことである。その後の世界的なモンテッソーリ教育の拡がりと評価は，今日の日本においてもしばしば耳にする。モンテッソーリはまた，学習理論の教育実践への適用，教育器具の活用という点においても，今日の教育におけるメディア活用の先鞭をつけた人物でもある。

それから一世紀近く後，1991年に『ニューズ・ウィーク』誌がイタリア北部の小都市レッジョ・エミリア市の幼児学校を「世界で最も革新的な幼児教育施設」と紹介した（注1）。その結果，人口わずか20万に及ばない小都市の保育学校とその教育アプローチが世界的に大きな注目を集めることとなった。日本はおそらく米国に次いでそのアプローチに魅せられた国の1つであろう。

2001年には佐藤学らの監修により日本でも紹介映像（注2）が発売され，学習環境や教育メソッドを包括したいわゆるレッジョ・エミリア・アプローチがつぶさに紹介されることとなった。

ミケランジェロやダ・ヴィンチを引き合いに出すまでもなく，イタリアは建築から美術にいたるまで多くの世界遺産や文化財を有するお国柄を誇る。レッジョ・エミリア・アプローチの実践の中には多くの表現活動が含まれている。そのため，芸術教育や表現教育といった側面が印象的な実践ではあるが，括目すべきはそこで使用されている教材･学習素材の豊かさである。レッジョ・エミリアの幼児教育の実践は，実はメディアと人間の関係，子どもの発達とメディアの関係について多くの示唆を含んでいる。

前述の映像に登場するいくつかの保育実践で使われた素材を紹介してみよ

う。

・オレンジの皮の香りを表現する実践：オレンジの皮，キャンバス，絵の具，楽器など
・自然物と人工物（自然素材で太陽を表現し，人工的な部品で町や工場を表現する実践）：砂，石，貝殻，木の実，ねじ，ぜんまい，ガラス瓶など
・OHC（書画投影装置）で影絵作り：OHC，シーツ，棒，紙，シートなど
・プログラミング：LEGOマインドストーム（子ども向けプログラミング教材）

砂や貝殻，木の実といった，通常教材としては常備しないような素材を驚くべき自然さで取り扱っている一方，OHC といったありふれた教育機器，かと思えば，幼児には扱いかねると思われるプログラミングツールまでが無理なく使われている。教育のために活用される素材・メディアに関し，境界や制約を一切設けない自由さには，同時に，教材や教育メディアに関する我々の固定観念を打ち砕くしたたかさが存在している。

教育のために教材を選ぶということ，古いメディアと新しいメディアをともに取り入れるということは一体どういうことなのか。今日の学校施設の中にあるものだけを教材・教育メディアとして捉え，新しい素材（とくに電子的に）が出てくると，歓迎すると同時にどこか身構えてしまいがちな我々は，身の回りの素材すべてを学びのために柔軟に活用するレッジョ・エミリアのアプローチを心に留めておく必要があるのではないだろうか。新しいメディアが増えるということは必ずしも古いメディアが置き換わることを意味するのではない。教授する側の選択肢が増えるということである。学習者の多様な適性に対応するメディアや教育方法の選択，最適化という意識は，教授者にとって常に念頭に置くべきものである。

2　近代以前のメディア

長い世界の教育の歴史の中で，これまでどのようなメディアが活用されてきたのだろうか。少なくともヨーロッパの中世以降，大学などの教育システムが整備された時期を起点として現在までを概観すると，驚くべきことに今日まで変わらず使用されているメディアが複数存在することがわかる。

まず第一に書物がある。宗教改革が示すとおり，中世から近世にかけての文字資料は，社会的に高位の者，聖職者などの一部の識字者にのみ読解が可能なメディアであった。それが活版印刷の発明と普及により大量生産が可能となり，聖書をはじめ，学術，思想の書が各地に拡散していくこととなる。

第二に，筆記具がある。例えば石板（tablet）の歴史は古く，メソポタミアやエジプトから出土している粘土板や石板は，聖書において十戒を記すメディアとして登場し，中世，ミケランジェロの絵画の中にも登場している。

黒板については，石川実による『黒板の文化誌』(注3)が，コメニウス（1592－1670）が世界初の子ども向け教科書として著した『世界図絵』（1658）の中に，黒板とチョークが教育に用いられていたと言及している。

このように，本と黒板は，中世から現代まで，その素材や形態は漸次変化しつつも数世紀にわたって使用され続けている，息の長い，伝統的な教育メディアであるということができる。

さらには今日のタブレット端末は，まさしく石板の電子化した姿といえる。人類が身の回りで使いこなす道具の形状は，長い時代を経ても変わらないことを実感させられる。教育メディアとは，まさに人間がより効率的に，効果的に学ぶための道具にほかならない。

3　活字資料から視聴覚資料へ

（1）教科書と副読本

長いスパンで教育メディアの変遷を見るとき，つい半世紀前には，印刷媒体がほぼ唯一の中核的な教材であったことに驚きの念を覚える。それはこの半世紀の間に，いかにコンピュータを核とした情報技術の革新が起こったかの裏返しでもある。21 世紀を生きる我々にとっては，数年前によく称されたデジタルネイティヴ（生まれながらにデジタル技術に囲まれている世代），デジタルイミグラント（デジタル技術が席捲する以前に生を受けた世代）という区別の意識すら薄らぎ，もはやコンピュータやネットワーク技術がない生活を想像することが難しくなっていることに気づく。

電気的なメディア，さらには電子的なメディアが登場する前の教材は，圧倒的に印刷物であった。教員の講義を補足するものとして，また日本のように 1950 年代以降全国的なカリキュラムである学習指導要領が存在し機能してきた国では，教育内容の標準化のために，国による検定教科書は教育において欠くべからざる重要な情報メディアとなった。

教科書の内容を補足するものとして，都道府県や地域ごとに副読本も盛んに制作された。静岡県など一部の自治体では，その伝統を今日に引き継いでいる。

授業で使用するものの他に，学校図書館や公共図書館における図書資料の活用もあったが，大正自由教育の時代から第二次世界大戦以前までは，児童図書館や学校図書館の実態・実践はおおむね一部の教育実践家の手になる先進的な学校にとどまっていた。そもそも児童を対象とした出版点数自体が非常に限られていた時代であった[注4]。

（2）視聴覚教育の勃興

米国では，第二次世界大戦中の軍事訓練のために視聴覚教育が導入され，その教育的効果の高さから，戦後の米国を中心に世界的な視聴覚教育ブームが起こった。使用されたメディアは，スライド，映画，レコード（録音テープ）などが中心であった[注5]。視聴覚教育の基盤となる研究も盛んで，ことにエドガー・デールの「経験の円錐」は視聴覚教育の時代を代表し，今なお引用される有名なモデルである。

図表3－1　デール（Dale, Edgar）「経験の円錐」[注6]

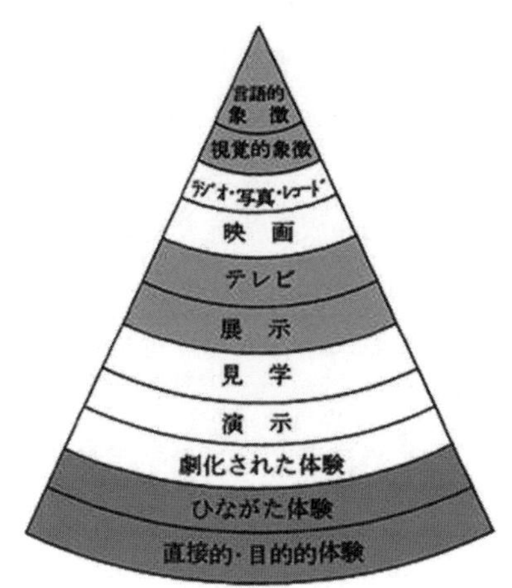

出典：水越敏行『授業改造の視点と方法』明治図書　1979年

不思議なことに「視聴覚教育」について，その草創期から，定義らしき定義は見当たらない。字義のとおり「視覚と聴覚に訴える（教具・教材を用いた）教育」とするのであれば，従来的な本に掲載された図画なども視覚メディアとすることもできる。また日本でも明治以降，西洋から近代学校制度を取り入れた際に導入した掛図や黒板なども視覚メディアである。

「映画教育」といった映画鑑賞の指導は，大正から昭和初期にかけて拡がったという記録もあるが[注7]，従来的な印刷媒体と差別化する意図のある新語としての「視聴覚教育」は，第二次世界大戦後に普及した，スライドや映画，テレビといった新しい画像・映像や，ラジオや録音機材といった音声表現・伝達技術をともなって視覚聴覚に働きかけるものを指していた。

1952年には文部省（当時）が初めて「視聴覚教材利用の手びき」を刊行し，社会教育局に視聴覚教育課が設置された。

1953年には学校図書館法が成立するが，その第二条の定義には，

この法律において「学校図書館」とは，小学校（盲学校，聾学校及び養

護学校の小学部を含む。），中学校（中等教育学校の前期課程並びに盲学校，聾学校及び養護学校の中学部を含む。）及び高等学校（中等教育学校の後期課程並びに盲学校，聾学校及び養護学校の高等部を含む。）（以下「学校」という。）において，図書，視覚聴覚教育の資料その他学校教育に必要な資料（以下「図書館資料」という。）を収集し，整理し，及び保存し，これを児童又は生徒及び教員の利用に供することによつて，学校の教育課程の展開に寄与するとともに，児童又は生徒の健全な教養を育成することを目的として設けられる学校の設備をいう。

と「視覚聴覚教育の資料」と視聴覚資料を意識した文言が含まれている。さらには「その他学校教育に必要な資料」をすべて「図書館資料」と呼んでいる。本章冒頭で，レッジョ・エミリアの幼児教育のおける教育メディアの幅広さを紹介したが，日本の学校図書館法の資料の範囲も実に柔軟で幅広いことに注目されたい。

1953 年には，テレビ放送も開始されている。教育メディアに新しい地平が拓かれた時代である。

4　放送教育からデジタルコンテンツへ

（1）放送教育と教育番組

1959 年には NHK が教育専門チャンネルを開局する。現在の E テレの前身である。当初の目的は，学校に向けて直接的にラジオ・テレビの教育番組を編成し放送することであった。とくに「テレビ学校放送」の開始は，学校へのテレビ受像機の普及拡大をもたらした。学校放送のためには，45 分前後の授業時間に無理なく番組視聴を収めるために，10 分や 15 分枠の短い番組作りが定番となったが，これらも現在の「10min. ボックス」(注 8) などに受け継がれている。

NHK がこの時期に世界的な放送教育の発展に寄与した活動が，国際的な教育番組コンクール「日本賞」(注9)の創設である。1965年に創設された日本賞は，その初期から応募作品，審査員とも全世界に門戸を開き，教育放送のあり方について今日にいたるまで継続して議論を続け，優秀作品を評価し続けている。応募国は先進国から発展途上国まで幅広く，1965年の開設当時から，ラジオ，スライド，テレビ番組などさまざまなジャンルの教育番組を世界中から受け入れ評価してきた。

2020年現在は，「日本賞」ウェブサイト上でその詳細や，歴代の受賞作品リスト等を見ることができる。ジャンルにはウェブ上のコンテンツやインターネットの双方向性を活かした作品なども見られる。また過去の受賞作品の一部はアーカイブ化され，学校教育での活用のために貸し出すシステムもある。

（2）教育実験・教育支援としてのセサミ・ストリート

1971年のグランプリ受賞以来，日本賞を複数回受賞している幼児番組に，米国の「セサミ・ストリート」がある。登場するキャラクターは多くの日本人にとってもなじみ深いものであろう。しかし制作開始当時の「セサミ・ストリート」が，米国における教育格差解消のための壮大な教育実験であったことを知る人は少ないと思われる。

セサミ・ストリートは，1968年に，複数の政府機関と民間財団からなる800万ドルの資金を基に，1年分130本の1時間番組の制作を目指して発足した巨大な補助金事業の産物であった(注10)。1つの幼児番組のためになぜ目の玉が飛び出るほどの資金が集められたのか，それこそがまさに当時の社会がテレビ放送という大衆，とくに子どもに訴求する新しいメディアに寄せた期待の大きさを示している。全米のほぼすべての家庭に普及していたテレビの受像機を通して，その新しいメディアの効果を最大限に受けるべき対象は，子どもたちであった。既存の幼稚園や学校制度では行き届かないところにいる子どもたちへの教育コンテンツの提供とケアを，テレビが担うことになったのである。これはテレビ放送関係者だけではなく，教育学・心理学など各分野の学究との協働が不可欠となる空前のメディア実験プロジェクトであった。

米国ではこの当時既に「ヘッドスタート計画」(注11) が始まっていた。経済的に恵まれない家庭の幼児に適切な教育を与えるという，1965年に始まったアメリカ連邦政府の育児支援施策の１つである。白人家庭に育つ子どもと，移民，アフリカ系の家庭で育つ子どもたちは，就学時に既に文字の読み書き能力に大きな差ができていることが問題化していた。セサミ・ストリート制作は，ヘッドスタート計画の対象となる子どもたちを主たる視聴者としていたが，必ずしもそれだけに限定していたわけではなく，当時ほとんどの家庭に設置されていたテレビ受像機を通して，幅広い子どもたちに教育を提供するという夢多きかつ野心的な取り組みであった。

子どもとメディアという観点から言えば，このセサミ・ストリート・プロジェクトによって，フォーマティヴ・リサーチ（形成的研究）の手法がテレビの教育番組制作に取り入れられたことも特筆すべき点である。一般的な制作物の評価が，その作品が完成してから行われるのに対して，とくに初期の「セサミ・ストリート」の制作現場では，さまざまな年齢や人数の子どもたちに対して，プロトタイプの映像とその教育的なねらいがどの程度効果を発揮しているかの評価を作品の形成段階で行っていた。その制作と調査のプロセスにはテレビ番組制作のプロだけではなく，調査担当の重役や，教育学・心理学分野の研究者など複数のメンバーがかかわり，各専門家の視点が活かされた。

こうした当時流行していた行動主義的な手法には異論がなかったわけではなく，そもそも「教育を大衆的なメディアで楽しく行う」という志向に関して真っ向からの反論があり，番組が人気になればなるほど，コンテンツに内在するステレオタイプな表現への批判もあったことが制作にかかわったジェラルド・S・レッサーの著作 (注12) には記されている。

セサミ・ストリートの挑戦はその後の世界各国の幼児教育番組に多大な影響を与えた。日本においてもNHKの「おかあさんといっしょ」以降多くの幼児向けテレビ番組の制作が行われた。

長きにわたり，子どもたちに多大な影響を与えてきた視聴覚教育や放送教育は，1990年代頃から，動画音声テキストすべてを1台で処理可能なコンピュータが教育現場に導入されたことで，徐々にその役割が取って代わられ，視聴覚教育研究の知見は，教育工学など新しいメディアの利活用に関する研究領域に受け継がれることとなった。

（3）マルチメディアからデジタルコンテンツの時代へ

2000年代以降は，コンピュータの学校現場への配置にともない，さまざまなデジタルコンテンツの導入が試みられてきた。コンテンツ（contents）とは，英語で「内容」や「中身」などを指すことばであるが，今日は，さまざまなメディアで提供される作品やプログラムの内容を指して使われるようになっている。

教育用のデジタルコンテンツには，第Ⅳ章や第Ⅶ章でも取り上げる教育・学習用のアプリケーションや，さまざまなソフトウェアに搭載される内容も含まれるが，以下，2000年代以降のデジタルコンテンツ開発に関する取り組みと，デジタル教科書の動向について紹介することとしたい。

文部科学省は，国のIT戦略本部が策定した「e-Japan重点計画」(2001年）に基づき，すべての学校で授業にコンピュータを活用できることを目標とした。学校にコンピュータや電子黒板が配置されたからには，それらの機器を駆使して教育と学習を効果的に行うための教材が必要となる。そこで教育用コンテンツの開発と普及が急務となったのである。

情報処理推進機構（IPA）は，17,000点の教育用画像素材集を公開しており，教科や単元に合わせてさまざまな動画や画像を検索し利用することができるようになっている[注13]。

2016年12月「デジタル教科書」の位置付けに関する検討会議」による「最終まとめ」においては，紙の教科書と同一内容のデジタル教材をデジタル教科書とした上で，

・紙の教科書を基本としながら，デジタル教科書により学びの充実が期待される教科の一部（単元等）の学習に当たって，紙の教科書に代

えて使用することにより，教科書使用義務の履行を認める特別の教材としてデジタル教科書を位置付けることが適当であること（併用制）
・紙の教科書等による学習が困難な障害のある児童生徒のうち，デジタル教科書の使用による学習が効果的である児童生徒に対しては，より積極的な使用を可能とすることが望ましいこと

等の方向性が示されている。

さらに，2019年8月に公表された文部科学省による「学校における教育の情報化の実態等に関する調査結果〔速報値〕(平成30年度)」(注14)では,（8）指導者用デジタル教科書の整備状況の項目があるが，導入しているのは全学校数の52.7%と道半ばといったところである。なおここでいう「指導者用」とは，授業等で一斉に提示をする際に教員が使う教科書を想定しており，児童生徒が個々に使用するものではない。

（河西由美子）

〈注〉

（注1）Newsweek Staff 'A school must rest on the idea that all children are different' Dec.01, 1991（https://www.newsweek.com/school-must-rest-idea-all-children-are-different-200976［2020年8月1日現在参照可］）

（注2）2001年当時はVHS版として発売されていたが，現在は以下のDVD版が発売されている。佐藤学監修『子どもたちの100の言葉　レッジョ・エミリア市の挑戦2001』発行：ワタリウム美術館　発売：オクターブ　2012年

（注3）石川実『黒板の文化誌』白順社　1998年　p.19-20

（注4）大正自由教育の論者として活躍した小原國芳（1887 − 1977）は1922年1月に刊行した雑誌『イデア』創刊号の巻頭論文に「児童図書室論」を掲載し，時事新報の企画で行われた小原國芳を含めた識者10名による「どんな本を子供たちに読ませたいか」の選定結果も掲載している。玉川大学・玉川学園『出版部について』2017年（https://www.tamagawa.jp/introduction/enkaku/history/detail_13364.html［2020年8月1日現在参照可］）

（注5）大内茂男・高桑康雄・中野照海編『視聴覚教育の理論と研究』財団法人日本放送協会　1979年　p. 9

（注6）Dale, E Audio-Visual methods in Teaching（3rd ed）Dryden Press 1969

（注7）注5参照。p.24

（注8）NHKが開設しているウェブサイト「NHK for School」では，学校教育と連動して活用できる動画を数多く掲載している。（https://www.nhk.or.jp/school/［2020年8月1日現在参照可］）

（注9）NHK「Japan Prize」毎年秋の日本賞の選考に合わせて情報が更新されるが，過去の受賞作品やアーカイブなども閲覧できる。（https://www.nhk.or.jp/jp-prize/index.html［2020年8月1日現在参照可］）

（注10）ジェラルド・S・レッサー著『セサミ・ストリート物語　その誕生と成功の秘密』サイマル出版会　1976年

（注11）ヘッドスタート計画は1960年代から現在まで継続して実施されている米国政府の公的なプロジェクトである。Office of Head Start, U.S. Department of Health & Human Services（https://www.acf.hhs.gov/ohs［2020年8月1日現在参照可］）

（注12）注10参照。

（注13）情報処理推進機構（IPA）（https://www.ipa.go.jp［2020年8月1日現在参照可］）

（注14）文部科学省『学校における教育の情報化の実態等に関する調査結果〔速報値〕（平成30（2018）年度）』2019年8月

第Ⅳ章　教育メディアの歴史（2）

1　コンピュータの誕生

（1）パーソナルコンピュータの誕生

第Ⅰ章でも紹介したとおり，2020年度から，日本においても小学校からプログラミング教育が開始されることとなった。コンピュータが動く仕組みを理解することで，コンピュータとともにある社会に生きる上での文法を学ぶということであろう。

英語の語源では，コンピュータ（computer）はもともと「演算を行う人」を意味していたが，20世紀前半には，演算を行う機械を指してコンピュータということばが使われるようになったと言われている。現在では当たり前のデジタルコンピュータであるが，その前身にはアナログのコンピュータの時代もあった。米国にはコンピュータの博物館があり（注1），その開発の歴史を学ぶことができる。日本においても，情報処理学会が日本のコンピュータの歴史をバーチャルな「コンピュータ博物館」としてまとめており,「1956年にわが国最初の電子計算機FUJICとETL Mark II」が作られたとしている（注2）。

しかし現代に生きる我々にとっては，コンピュータとはデジタルコンピュータであり，さらには，巨大な計算機よりは，個人の使用を前提に設計されたパーソナルコンピュータをイメージする人が多いだろう。100年後に振り返ればパーソナルコンピュータの開発は，おそらく文明史上のきわめて重要な発明ということになるのであろうが，我々はその開発者と同時代をともに生きるという大変スリリングな体験をしているのである。

（2）子どものためのコンピュータ

パーソナルコンピュータの開発者と言われるアラン・ケイ（Alan C.Kay）は, 自らの発想したコンピュータの価値を見出す若き経営者スティーヴ・ジョブズ（Steve Jobs）に出逢い，そこでアップル社から最初のパーソナルコンピュータが生まれることになる。これはまさにコンピュータ科学史上の，現代的な伝説とも言えるエピソードである。

アラン・ケイは，自身のパーソナルコンピュータの開発前夜に，マサチューセッツ工科大学にシーモア・パパート（Seymour Papert）を訪ね，インスピレーションを得ている。当時パパートは既にプログラム言語の知識がない子どもでも使えるコンピュータ言語 LOGO を開発していた（注3）。LOGO はその後デンマークの LEGO 社のブロックと融合し，“LEGO Mindstorm” という子ども向けプログラミング遊具の言語として活用されるのであるが，この発展形は，現在も世界の多くの国で，子どもたちが初めて触れるプログラミングツールとして普及している。

アラン・ケイの初期の論文のタイトルは「子どもとすべての年代のためのパーソナルコンピュータ（Personal Computer for Children and All Ages)」（注4）と題され，そこに描かれているのは，子どもたちが楽しみながら自在にコンピュータを操っている様子である。パパートにせよ，ケイにせよ，画期的なプログラム言語とパーソナルコンピュータの発明が，ともに子どもと学びに深くかかわるものであったのは，決して偶然ではあるまい。コンピュータという存在は，根源的に人間の知能を増幅し刺激する，知的遊具ともいうべき存在であり，それらは本質的に教育や学習と非常に親和性が高いと考えられる。

2　コンピュータの教育利用

（1）デジタル教材の系譜

山内祐平は，その著書『デジタル教材の教育学』の中で，1970年代から2000年代にいたるデジタル教材の系譜について次のように時代区分を行っている（注5）。

1975 － 1985　CAI
1985 － 1995　マルチメディア教材
1995 － 2005　CSCL

以下，山内の区分に基づいて解説する。

（2）CAI

CAIとは，Computer Assisted Instructionの略であり，コンピュータが問題を出題し，学習者の応答に応じて適切なフィードバックを行う「コンピュータに支援された教授活動」のことである。

これは，後述する「学習指導用ソフトウェア」の「ドリル学習型」に相当するもので，学習者個々に対して最適化が図れる点に期待されたが，取り扱える記述内容の限界から発展をみなかったと山内は述べている。

今日では，Eラーニングのプラットフォーム上で，即時にアンケートやクイズに答える方式に用いられるクリッカーなどがこの系譜に位置づけられる。クリッカーはARS（Audience Response System）とも称され，授業を双方向対話型にするために用いられる。クリッカーはクリックする（カチカチ鳴らす）器具のことを指すが，近年では個人のスマートフォンなどから応答ができる機能を持ったEラーニングのシステムも開発されている。

（3）マルチメディア教材

パーソナルコンピュータの性能向上にともない，テキストのみならず動画，音声との連動が可能になり，学習者が活用できる教材がマルチメディア化したのがこの時代の特徴である。今日のデジタル教材は，この時期のマルチメディア教材の発展形として存在すると言ってもよいだろう。

山内は，マルチメディア教材の例として，米国の幼児教育番組「セサミ・ストリート」(1969) や，「ミミ号の航海」(1984) (注6)，「マルチメディア人体」(1996) (注7) を挙げている。

（4）CSCL

ネットワーク技術の進展にともない，学習者同士のネットワーク上での交流が可能となった。CSCL とは，Computer Supported Collaborative Learning の略語であり，「コンピュータ支援による協調学習」である。今日のブログや SNS (Social Network Service) は，CSCL の範疇であると山内は述べている。

（5）アクティブ・ラーニングの時代のデジタル教材

2010 年代以降は，効果的な学習方法としてアクティブ・ラーニング (Active Learning) が叫ばれ，学習者を受け身にせず，主体的に教育学習活動に参画させるためのさまざまなアプローチに注目が集まっている。

アクティブ・ラーニングは，学習者が主体となって学ぶことが主眼であるので，主体的な学びを支援したり促進したりする要素を持つ教材はすべて活用が可能である。

3　コンピュータによる教育・学習支援

（1）コンピュータ中心の教育・学習支援

20世紀のコンピュータによる教育・学習支援は，まず，コンピュータ特有の機能に対して，人間の能力に勝る効果を期待し，学習効果を向上させようとするところから始まった。前述のCAIのように，これまで人間の教員がしてきた教授活動の一部をマシンに肩代わりさせ，効率化させようとする試みである。

しかしながら，当時のコンピュータの能力の限界などもあり，何か1つのスタイルやメソッドが教授学習スタイルに決定的な影響を及ぼしてきたというよりは，ある時代に萌芽したあるデジタルツールが，技術の変遷の中で少しずつ変容しながら今日的な形を取るにいたったという見方が妥当であろう。例えば，学習者個々への最適化を目指したCAIのドリル型のツールが，教室全体の理解度を測るクリッカーの形で脈々とその理念を継いでいる，といった具合である。

（2）人間中心の教育・学習支援

21世紀を迎えて，教育や学習にコンピュータを使う意識の面に，大きな変革が起こってきている。コンピュータの便利な機能を使う，という段階から，コンピュータに任せる部分と，コンピュータによって省力化された労力を別のところに振り向ける，集中と配分のようなコンピュータとの付き合い方が現れてきた。これは情報技術の発展とともに，人類のコンピュータの習熟度も高まってきたということかもしれない。

教育や学習においては，反転授業（Flipped Classroom）がこうした現象を最もよく体現していると思われる。Flipped Classroomに「反転授業」という日本語訳を充てた山内祐平は，反転授業について以下のように解説している。

> 反転授業は一般に「説明型の講義など基本的な学習を宿題として授業前に行い，個別指導やプロジェクト学習など知識の定着や応用力の育成に必要な学習を授業中に行う教育方法」を指す用語である。
>
> 従来の授業では学習内容の説明に授業時間の大半を使うため，個別指導や協調学習など教員や学習者同士の相互作用的な活動に十分な時間を確保することができなかった。反転授業では，従来の授業相当分の学習をオンラインで授業前に行うことで，知識の定着や応用力の育成を重視した対面授業の設計が可能になる。[注8]

こうした反転授業を可能にしているのは，コンピュータとネットワーク技術の進展にともなう遠隔授業の実現である。現代の情報通信技術を使えば，もはや教育や学習は，学校や教室といった物理的空間に固定される必要はないのである。

実は，2000年代以降，携帯電話端末が小型化・多機能化した時点で，大学の授業は既にその希少性を失いつつあった。大教室で一方的に語り続ける教員から得られる以上の情報量を，学生たちは教員に隠れて机の下で入手することが可能になったのだ。活版印刷が宗教改革にもたらしたのと同等の権威破壊のインパクトを，コンピュータとインターネット技術は，まず大学教育にもたらしたと言える。

こうした想念を裏づけるように，2014年には米国において，校舎を持たない大学が誕生した。ミネルバ大学（Minerva Schools at Keck Graduate Institute）[注9]である。在学生は4年間の在学中に7都市を移動し，社会貢献活動をしながら，各地域の社会問題を体感しつつ学ぶことになる。移動をしながらの学習を支えるのは徹底した情報通信技術の活用である。既存のスタイルの教育・学習のためにコンピュータを用いるのではなく，コンピュータによってもたらされた新たな環境下の最大限の効率を活かして教育学習活動を行う時代がやってきたのである。

4　多様な教育・学習用アプリケーション

2002（平成14）年６月に文部科学省が発表した「情報教育の実践と学校の情報化～新情報教育に関する手引」第５章第２節には，主なソフトウェアの分類が挙げられている[注10]。

分類の全体については第Ⅶ章で紹介するが，ワードプロセッサや表計算，データベース，プレゼンテーションなどの基本的なソフトウェア以外に，教育用ソフトウェアに分類されるものの中に,学習指導用ソフトウェアがあり,学習のタイプに応じて，さらに４つに分類されている。

教育用ソフトウェア

・学習指導用ソフトウェア
  - ・ドリル学習型
  - ・解説指導型
  - ・問題解決型
  - ・シミュレーション型

2019年に文部科学省が公表した「教育の情報化に関する手引」第７章では,デジタル教材やデジタル教科書の記述の中に「学習用ソフトウェア（教育用コンテンツを含む）の活用」の箇所があり，現状について以下のように述べられている。

> 学習用ソフトウェア（教育用コンテンツを含む）については，様々なものが普及しており，写真やイラスト，動画など素材型に加え，ドリル学習型やシミュレーション型などその種類は豊富になっている。有料のものや無料のもの，DVD や USB などといったパッケージのもの，インターネット上でダウンロードするものなど様々である。[注11]

さらに,「学習用ソフトウェア（教育用コンテンツを含む）を導入する際の注意点」があげられている。

> 学習用ソフトウェア（教育用コンテンツを含む）を購入する場合は，ソフトウェアやコンテンツによってはライセンス数が決められており，必要とするライセンス数が確保されているか，購入しようとするソフトウェアやコンテンツが使用するコンピュータの仕様に合っているかなどに注意して導入する必要がある。

また，同手引では，デジタル教科書についても触れられている。デジタル教科書には，既存の紙の教科書と同一の内容を有する学習者用の教科書と，指導のための動画・音声・アニメーションなどが付加された指導者用のデジタル教科書の二種類が存在する。児童生徒は，紙とデジタル教科書のほか，それを補完するデジタル教材，また児童生徒の特性に応じて，点字図書，拡大図書などの特定図書を用いるとされている。

手引には，公共図書館や学校図書館を中心に普及しつつある学習障害支援ツールのマルチメディアDAISY図書に関する記述はないが，情報機器の小型化と機能向上により，児童生徒によりフレンドリーな教育・学習アプリケーションは今後も加速度的に増え続けていくことだろう。学校生活の中で触れるさまざまなアプリケーションから，児童生徒の学習効果に寄与するものを選別していく力が学校図書館に携わる者にも求められている。

（河西由美子）

〈注〉

（注1）Computer History Museum　2020年（https://computerhistory.org/［2021年2月1日現在参照可］）

（注2）情報処理学会「コンピュータ博物館」2013年（http://museum.ipsj.or.jp/about/index.html［2021年2月1日現在参照可］）

（注3）シーモア・パパート『マインドストーム―子供，コンピューター，そして強力なアイデア　新装版』未来社　1995年。原著は“Mindstorms: Children,

Computers, And Powerful Ideas”. 1980

（注４）Alan C. Kay“Personal Computer for Children and All Ages”1972 年（https://mprove.de/visionreality/media/Kay72a.pdf〔2021 年２月１日現在参照可〕）

（注５）山内祐平編『デジタル教材の教育学』東京大学出版会　2010 年

（注６）バンクストリート教育大学「ミミ号の航海（The Voyage of the MIMI）」1984 年　山内（注５参照）によれば「放送番組を中心とした，読本，ワークシート，教師用ガイドブック，地図や海図，コンピュータソフトなどから成る教材」である。

（注７）NHK エンタープライズ 21 制作「マルチメディア人体」NEC インターチャネル発売　1996 年。二枚組 CD-ROM の教育用マルチメディアソフトで，当時は学校図書館などにもよく所蔵されていた。

（注８）ジョナサン・バーグマン，アーロン・サムズ著，山内祐平（監修）『反転授業』2014 年。原書は Jonathan Bergmann, Aaron Sams“Flip Your Classroom: Reach Every Student in Every Class Every Day”International Society for Technology in Education, 2012

（注９）Stephen M. Kosslyn, Ben Nelson 編著“Building the Intentional University: Minerva and the Future of Higher Education”The MIT Press. 2017

（注 10）文部科学省「情報教育の実践と学校の情報化～新情報教育に関する手引」2002 年（https://www.mext.go.jp/a_menu/shotou/zyouhou/020706.htm〔2021 年２月１日現在参照可〕）

（注 11）文部科学省「教育の情報化に関する手引」2019 年（https://www.mext.go.jp/a_menu/shotou/zyouhou/detail/mext_00117.html〔2021 年２月１日現在参照可〕）

第Ⅴ章　情報メディアの種類と特性（1）

1　図書資料

（1）学校図書館の資料

文部科学省が2016年に発出した「学校図書館の整備充実について（通知）」に添付された「学校図書館ガイドライン」（注1）には「図書館資料の種類」として以下の記述がある。

・学校図書館の図書館資料には，図書資料のほか，雑誌，新聞，視聴覚資料（CD，DVD等），電子資料（CD-ROM，ネットワーク情報資源（ネットワークを介して得られる情報コンテンツ）等），ファイル資料，パンフレット，自校独自の資料，模型等の図書以外の資料が含まれる。

・学校は，学校図書館が「読書センター」，「学習センター」，「情報センター」としての機能を発揮できるよう，学校図書館資料について，児童生徒の発達段階等を踏まえ，教育課程の展開に寄与するとともに，児童生徒の健全な教養の育成に資する資料構成と十分な資料規模を備えるよう努めることが望ましい。

・選挙権年齢の引下げ等に伴い，児童生徒が現実社会の諸課題について多面的・多角的に考察し，公正に判断する力等を身につけることが一層重要になっており，このような観点から，児童生徒の発達段階に応じて，新聞を教育に活用するために新聞の複数紙配備に努めることが望ましい。

・小学校英語を含め，とりわけ外国語教育においては特に音声等の教材に，理科等の他の教科においては動画等の教材に学習上の効果が見込まれることから，教育課程の展開に寄与するデジタル教材を図書館資料として充実するよう努めることが望ましい。

・発達障害を含む障害のある児童生徒や日本語能力に応じた支援を必要とする児童生徒の自立や社会参画に向けた主体的な取組を支援する観点から，児童生徒一人一人の教育的ニーズに応じた様々な形態の図書館資料を充実するよう努めることが望ましい。例えば，点字図書，音声図書，拡大文字図書，LLブック，マルチメディアデイジー図書，外国語による図書，読書補助具，拡大読書器，電子図書等の整備も有効である。

第Ⅲ章でも学校図書館法第二条において，その資料の形態や範囲には法律上の制約はないことを引用しているが，上記の文言もそれら法律をふまえつつ今日的な教育課題に応じて手厚く収集すべき図書館資料について述べられている。以下図書資料の細目について述べるが，ここで言うところの図書資料はあくまで情報収集のためのメディアとしての図書資料とその形態に留め，教養育成（豊かな人間性を育む読書）のための資料は他科目に譲ることとしたい。

（2）絵本

絵本というと物語絵本を指すことが多いが，昨今の児童図書出版の質はきわめて高く，詩情を持ちつつ，鮮明な画像や美術的な描写によって感動とともに鑑賞できる絵本も数多い。必ずしもテキストを含まず，充分におとなの鑑賞にたえるものも多いので，選書の担当者には，文学作品の範疇にとどまらない選書眼を養って欲しい。

（3）知識絵本・科学絵本・図鑑

絵本の中には，社会的な知識を養うもの，科学の仕組みを解説する目的で制作されたものがあり，それらは通称「知識絵本」や「科学絵本」などと呼ばれている。絵本の大半は物語絵本であり，知識や科学絵本は出版点数においても実際の売上高を見ても物語絵本ほど社会的に認知されているとはいえない。しかしながら昨今の写真技術の高度化により，掲載される画像の質もきわめて高い。ただし植物を植物学の見地から写実的に描写するボタニカルアートの例にもあるように，必ずしも写真が最良の表現方法とは限らず，細部を拡大して克明に描写することで，対象についてより詳細にわかりやすく表現しているイラストレーションなどもありその表現や鑑賞の方法は多様である。

これらの絵本は小学校低学年向けの調べ学習の恰好の情報源となるため，選定の際には，目次や索引の有無にも留意するとよい。絵本によってはページ数すら打たれていないものがあり，物語や絵の鑑賞には差し支えないが，情報の収集や確認のために使う図書資料としては授業内で記録を取る場合に不適切な場面も出てくる。

図鑑についても，児童図書出版に定評のある出版社からシリーズで出されているものもあり，学校図書館の所蔵資料としては必須のものの1つであるが，最近は主題ごとにきわめて優れた単行書としての図鑑が，必ずしも子ども向けでなく出版されている場合もある。図版が多い図鑑は文章の読解力にかかわらず図だけを楽しむこともできるため，成人向けの一般図書にも目配りして収集するとよい。

（4）参考図書（レファレンスブックス）

学校図書館における参考図書のうち，百科事典や国語辞典などはほとんどの学校で完備されていることが多い。2016（平成28）年度文部科学省「学校図書館の現状に関する調査」（4）[注2]の百科事典や図鑑などの共通教材の配備状況では，「百科事典や図鑑などをセット配備している学校数」は全体の92.2%である。ただし購入後10年以上経過したものが60%を超えていることには注意が必要である。事典類や地図類はできれば5年単位で新版に置換したいところだが，出版のほうが追いつかない場合もあり，更新が難しい状況も存在している。

図表５－１　学校図書館における物的整備の状況（平成 27 年度末現在）

※公立学校における状況

（１）蔵書状況

		学校数	平成 26 年度末の蔵書冊数	平成 27 年度中の購入冊数	平成 27 年度中の寄贈冊数	平成 27 年度中の廃棄等冊数	平成 27 年度末の蔵書冊数	平成 27 年度間の増加冊数
小学校		19,604	172,086,867	5,961,852	1,849,059	5,024,775	174,873,003	2,786,136
中学校		9,427	100,068,139	3,837,682	522,600	2,763,164	101,665,257	1,597,118
高等学校		3,509	82,929,997	1,587,747	491,227	1,514,672	83,494,299	564,302
特別支援学校	小学部	837	1,590,392	39,911	29,224	33,211	1,626,316	35,924
	中学部	834	1,237,681	26,990	21,809	22,498	1,263,982	26,301
	高等部	850	1,466,386	36,846	30,464	28,400	1,505,296	38,910
中等教育学校	前期課程	31	445,510	12,684	6,637	6,837	457,994	12,484
	後期課程	30	479,285	11,766	7,699	7,013	491,737	12,452

※本項目の対象には，平成 27 年度末をもって廃校となった学校は含んでいない。

（２）１校あたりの蔵書状況

		学校数	1校あたりの平成 26 年度末の蔵書冊数	1校あたりの平成 27 年度中の購入冊数	1校あたりの平成 27 年度中の寄贈冊数	1校あたりの平成 27 年度中の廃棄等冊数	1校あたりの平成 27 年度中の蔵書冊数	1校あたりの平成 27 年度間の増加冊数
小学校		19,604	8,778	304	94	256	8,920	142
中学校		9,427	10,615	407	55	293	10,784	169
高等学校		3,509	23,634	452	140	432	23,794	161
特別支援学校	小学部	837	1,900	48	35	40	1,943	43
	中学部	834	1,484	32	26	27	1,516	32
	高等部	850	1,725	43	36	33	1,771	46
中等教育学校	前期課程	31	14,371	409	214	221	14,774	403
	後期課程	30	15,976	392	257	234	16,391	415

※本項目は，「（１）蔵書状況（平成 27 年度末現在）」の冊数を，「学校数」で割ったもの。

（３）小中学校における学校図書館図書標準の達成状況

		学校数（A）	25％未満の学校数(B)	割合(B/A)	25～50％未満の学校数(C)	割合(C/A)	50～75％未満の学校数(D)	割合(D/A)	75～100％未満の学校数(E)	割合(E/A)	図書標準達成（100％）学校数(F)	割合(F/A)
小学校		19,604	82	0.4%	180	0.9%	1,560	8.0%	4,759	24.3%	13,023	66.4%
中学校		9,427	60	0.6%	226	2.4%	1,171	12.4%	2,760	29.3%	5,210	55.3%
特別支援学校	小学部	837	270	32.3%	239	28.6%	126	15.1%	85	10.2%	117	14.0%
	中学部	834	518	62.1%	196	23.5%	52	6.2%	37	4.4%	31	3.7%

※本項目の対象は「（１）蔵書状況（平成 27 年度末現在）」に同じ。

（4）百科事典や図鑑などの共通教材の配備状況

		学校数（A）	百科事典や図鑑などをセット配備している学校数（B）	割合（B/A）	百科事典や図鑑の配備の状況：配備校における配備しているセット数（C）	学校当たりの配備数（C/A）	左記セット数について，刊行後の経年数別内訳：１０年以上（D）	割合（D/C）	5年以上（E）	割合（E/C）	3年以上（F）	割合（F/C）	3年未満（G）	割合（G/C）
小学校		19,604	18,624	95.0%	131,093	6.7	72,461	55.3%	31,173	23.8%	14,700	11.2%	12,759	9.7%
中学校		9,427	8,873	94.1%	63,746	6.8	39,874	62.6%	13,340	20.9%	5,861	9.2%	4,671	7.3%
高等学校		3,509	3,379	96.3%	28,116	8.0	24,360	86.6%	2,459	8.7%	730	2.6%	567	2.0%
特別支援学校	小学部	837	500	59.7%	2,505	3.0	1,568	62.6%	458	18.3%	271	10.8%	208	8.3%
	中学部	834	461	55.3%	1,838	2.2	1,098	59.7%	350	19.0%	253	13.8%	137	7.5%
	高等部	850	494	58.1%	2,292	2.7	1,470	64.1%	376	16.4%	293	12.8%	153	6.7%
中等教育学校	前期課程	31	27	87.1%	124	4.0	95	76.6%	18	14.5%	8	6.5%	3	2.4%
	後期課程	30	28	93.3%	115	3.8	97	84.3%	9	7.8%	7	6.1%	2	1.7%
合計		35,122	32,386	92.2%	229,829	6.5	141,023	61.4%	48,183	21.0%	22,123	9.6%	18,500	8.0%

学習指導要領の改訂を受けて，今後はここに英語の辞典や，プログラミングのための用語辞典などが加わることになろう。

可能であれば百科事典や国語辞典など，１セットが大部のものや，１学級の児童生徒数分購入しなければならないものでも，図書予算を計画的に用いて，複数の出版社のものを購入することが望ましい。児童生徒が，日常的に複数の資料にあたりながら情報を吟味する態度を養うことを念頭に資料整備を行うことが必要である。解が１つしかないようなファクトデータ（著名人の生年月日，大地震の震源の深さなど）を調べる場合でも，複数の統計調査が行われていたり，検証時期によって異なるデータが記載されているような場合(例えば大正時代の関東大震災の震源の深さには複数の調査結果がある)には，その正誤の確認（出版物には誤植という事故もあり得る）のために複数の出典を必要とする場合がある。

児童向け百科事典である「ポプラディア」には現在オンライン版も存在する。またハンドブックの「理科年表」にもオンライン版が存在する。これらは，第Ⅵ章で詳しく述べるが，必ずしも活字版ではなく，オンラインデータベースとして購入する選択肢も考慮する必要がある。

（5）単行書・専門書

ここで述べる単行書・専門書とは，日本十進分類法（NDC）でいうところの９類（物語・文学）を指す。日本の学校図書館の蔵書配分について，平成 28（2016）年度の文部科学省の「学校図書館の現状に関する調査」（５）[注3]蔵書の構成では，配分について把握している学校が全体の 57.2%，高等学校だけを見れば 80.1％と高いが，これは学校司書の専任配置や電子目録整備が小中に比べて進んでいるという背景によるものであろう。全体平均を見ると，９類文学の割合はほぼ 40％にのぼり，一方で６類産業の比率は 2.2% と極端なアンバランスを示している。ここから推察する限り，伝統的な９類への偏重傾向はいまだ払しょくされてはおらず，コレクションの半数以上が物語・文学の図書という学校図書館が現在も一定数存在するものと考えられる。

図表５－２　学校図書館における物的整備の状況「蔵書の構成」（平成 27 年度末現在）

※公立学校における状況

		学校数（A）	学校図書館の蔵書冊数に関する日本十進分類法による分類別把握状況		左記で「把握している」と回答した学校の日本十進分類法による分類別の冊数							
			把握している学校(B)	割合(B/A)	0 総記（C）	割合(C/N)	1 哲学·宗教(D)	割合(D/N)	2 歴史·地理（E）	割合(E/N)	3 社会科学（F）	割合(F/N)
小学校		19,604	11,436	58.3%	2,662,067	2.4%	918,566	0.8%	7,283,853	6.6%	6,917,174	6.3%
中学校		9,427	5,147	54.6%	1,882,230	3.1%	1,411,388	2.4%	5,754,169	9.6%	5,556,896	9.3%
高等学校		3,509	2,811	80.1%	3,793,757	5.6%	2,518,970	3.7%	7,091,971	10.5%	7,621,312	11.2%
特別支援学校	小学部	837	212	25.3%	21,505	3.7%	6,159	1.1%	28,035	4.8%	48,897	8.4%
	中学部	834	209	25.1%	18,885	4.1%	5,625	1.2%	23,580	5.1%	39,849	8.6%
	高等部	850	230	27.1%	16,775	2.7%	10,249	1.6%	35,473	5.6%	61,111	9.7%
中等教育学校	前期課程	31	25	80.6%	22,284	5.3%	14,535	3.4%	42,675	10.1%	49,112	11.6%
	後期課程	30	25	83.3%	20,493	4.8%	15,362	3.6%	49,136	11.5%	51,310	12.0%
合計		35,122	20,095	57.2%	8,437,996	3.5%	4,900,854	2.0%	20,308,892	8.5%	20,345,661	8.5%

		左記で「把握している」と回答した学校の日本十進分類法による分類別の冊数							
		4 自然科学（G）	割合(G/N)	5 技術（H）	割合(H/N)	6 産業（I）	割合(I/N)	7 芸術（J）	割合(J/N)
小学校		12,378,102	11.3%	4,466,668	4.1%	2,773,477	2.5%	6,270,398	5.7%
中学校		4,917,159	8.2%	2,606,958	4.3%	1,189,606	2.0%	5,645,598	9.4%
高等学校		6,075,867	9.0%	3,611,579	5.3%	1,361,124	2.0%	6,584,788	9.7%
特別支援学校	小学部	53,440	9.2%	18,209	3.1%	8,098	1.4%	46,725	8.1%
	中学部	41,743	9.0%	15,627	3.4%	7,100	1.5%	39,854	8.6%
	高等部	55,045	8.7%	24,132	3.8%	9,805	1.6%	58,921	9.4%
中等教育学校	前期課程	40,487	9.5%	17,185	4.0%	7,451	1.8%	37,807	8.9%
	後期課程	42,662	10.0%	18,518	4.3%	7,969	1.9%	40,026	9.3%
合計		23,604,505	9.8%	10,778,876	4.5%	5,364,630	2.2%	18,724,117	7.8%

		左記で「把握している」と回答した学校の日本十進分類法による分類別の冊数						
		8 言語（K）	割合（K/N）	9 文学（L）	割合（L/N）	その他（M）	割合（M/N）	合計（N）
小学校		3,317,639	3.0%	44,612,662	40.7%	17,959,691	16.4%	109,560,297
中学校		2,646,509	4.4%	23,877,073	39.8%	4,511,974	7.5%	59,999,560
高等学校		2,505,993	3.7%	24,214,670	35.7%	2,387,861	3.5%	67,767,892
特別支援学校	小学部	16,262	2.8%	189,403	32.7%	143,254	24.7%	579,987
	中学部	13,297	2.9%	138,373	29.9%	118,499	25.6%	462,432
	高等部	20,213	3.2%	188,450	30.0%	148,936	23.7%	629,110
中等教育学校	前期課程	18,185	4.3%	148,532	35.0%	26,108	6.2%	424,361
	後期課程	20,368	4.8%	153,171	35.7%	9,729	2.3%	428,744
合計		8,558,466	3.6%	93,522,334	39.0%	25,306,052	10.6%	239,852,383

学校図書館法第二条で述べられている学校図書館の目的は「学校の教育課程の展開に寄与するとともに，児童又は生徒の健全な教養を育成すること」であり，教養育成に先んじて「教育課程への展開」すなわち授業での活用が述べられていることはより重要に受け止めるべきであろう。

2020年以降に施行が予定されている新学習指導要領では，高等学校においては「総合的な学習（探究）の時間」の開始が予定されており，学習者自らがさまざまな情報やデータにあたり，課題解決に臨むことが期待されている。それを支えるためには体系的な蔵書構成が求められる。

小学校段階での調べ学習に備えては，各学年に1主題を設定し，かつ1つの主題に対して20点ほどの資料をそろえるところから始めるとよいだろう。調べ学習は児童生徒一人当たりに対して1冊ずつの図書がないと成立しないと考える教員は多いが，実際にはサブテーマを設定し，グループワークにして，百科事典や統計書などを併用すれば，1テーマ20点の図書資料があれば充分に調べる作業は機能するのである。それ以上の資料点数が必要な場合は最寄りの公共図書館から団体貸出を受けるという方法もある。

筆者が「調べ学習パッケージ」(注4)という実践を行った際に，実際に小学校において設定した主題の例は以下の通りである。

1年生：たね（全国的に夏に向けて種まきなどを行う実践が広く普及していることから）

2年生：乗り物（国語や社会の教科書の単元になったこともあり，図鑑など画像から調べることが容易であることから）
3年生：ピクトグラム・サイン（文字を使わない情報伝達）
4年生：ユニバーサルデザイン（多様な特性を持つ人々が快適に存する社会について考える）
5年生：戦争とひとびとの暮らし（歴史と平和の意義を学ぶ）
6年生：修学旅行の事前事後学習

これらの主題に取り組み，調べるためには，各テーマに対して，さまざまな形態や視点による図書資料がバランスよく最低20点程度は集められることが望ましい。その際，あらかじめ児童から発せられるであろう問いを想定し，それらの問いに対する答えが，用意した20点の図書資料の中から発見できるような課題設定も必要である。

絵本や図鑑と同様に目次・索引の存在は情報検索において重要であるが，さらに調べることに特化した専門的な内容の資料であれば，用語集や解説などが付与されたものだとさらに学習にとって有用である。

中学校・高等学校の選書においても上記の考え方は参考になるだろう。例えば原発と自然エネルギーへの転換などの主題においては，賛成派・反対派の双方の意見が掲載されている資料が手元にあるべきであり，注意深く選書をする必要がある。選書の際には教科教員との協働が必要なことは言うまでもない。

2　逐次刊行物（新聞・雑誌）

（1）新聞

2016（平成28）年度の文部科学省の「学校図書館の現状に関する調査」(10)(注5)新聞の配備状況からは，全体の43.6％の学校に新聞が配備されていることがわかる。この数値だけを見れば低く感じられるが，政府が2005（平成

17）年度から実施した第５次「学校図書館図書整備等５か年計画」で，公立小中高等学校の学校図書館への新聞配備に向け，地方財政措置（地方交付税）を倍増するまでは，新聞購読をしている学校図書館は少数であったことを考えると，着実に整備が進んでいることがわかる。

図表５－３　学校図書館における物的整備の状況「新聞の配備状況」

（平成 27 年度末現在）※公立学校における状況

		学校数 (A)	学校図書館に新聞を配備している学校数 (B)	割合 (B/A)	配備している新聞の紙数 (C)	平均 (C/B)
小学校		19,604	8,061	41.1%	10,284	1.3
中学校		9,427	3,557	37.7%	6,100	1.7
高等学校		3,509	3,194	91.0%	8,914	2.8
特別支援学校	小学部	837	131	15.7%	150	1.1
	中学部	834	129	15.5%	142	1.1
	高等部	850	186	21.9%	223	1.2
中等教育学校	前期課程	31	25	80.6%	58	2.3
	後期課程	30	26	86.7%	62	2.4
合計		35,122	15,309	43.6%	25,933	1.7

こうした新聞配備が予算化される以前から，NIE（Newspaper In Education）（注６）という新聞を活用した学習メソッドが導入され，「新聞を活用した教育実践データベース」から全国のさまざまな事例を閲覧することができる。

情報メディアとしての新聞の特性は，インターネットに次ぐ速報性があり，活字メディアとして独特のレイアウトを有し，事件の大小により見出しの位置やフォントや画像のサイズが異なる，地域によって記事の締め切り時間や版が異なるなどさまざまな特徴がある。

神奈川県横浜市には，NIE を推進している日本新聞協会が運営するニュースパーク　日本新聞博物館（注７）があり，展示のほかに体験プログラムなども用意されており，校外学習の機会に新聞について学ぶことも可能である。

（２）雑誌

雑誌も新聞同様，予算が限られている学校図書館では，多数の雑誌を購読することはなかなか難しい現状がある。しかしながら，雑誌には時宜にかなったトピックスを，新聞よりもさらに詳しい解説つきで読むことができるという特性がある。中高生以上のレポート作成の引用文献としての利用価値も非常に高いことから，厳選して購読をすることを勧めたい。週刊，月刊などの逐次刊行物で，定期的に新しい情報が掲載され，学校図書館にとっては新鮮な情報を求める児童生徒に対する呼び水の役割も果たすことになる。

全国学校図書館協議会による学校読書調査[注8]では，例年小学生（4・5・6年）から高等学校3年生までの図書・雑誌の読書状況を調査しており，それぞれ資料の実名が掲載されている。児童生徒がどのような雑誌を好んで読んでいるのかに気配りをしておくことも重要である。

また，調べ学習のために子どもが読める雑誌・新聞記事が少ないことを受けて，インフォメーション・ファイルを作成し，テーマごとにさまざまな記事をスクラップしている学校も，とくに小学校などに見受けられる。

雑誌予算があり，また調べる内容が複雑になる中学校・高等学校以上では，株式会社ニホン・ミックによる「切り抜き速報シリーズ」[注9]の中に中学校・高等学校の主題別学習に役立つものがある。「食と生活版」「科学と環境版」などは学校において使用頻度の高い主題であろう。

3　パッケージ系メディア

（1）CD-ROMの開発と普及

21世紀の今日，データベースと言えばオンラインでの利用が一般的になっているが，教育現場でのデータベース活用が現実化したのは，CD-ROMの普及によるところが大きい。CD-ROMとはCompact Disc Read Only Memoryの略で，読み取りのみが可能な形態の光ディスクである。

1980年代には岩波書店や三省堂などがCD-ROM版の国語辞典や六法全書などの製作と販売を開始しており，大手新聞社も電子製版への切り替えの副産物として，新聞記事のデジタル・アーカイブ化を始めていたが，新聞社の運営するオンラインデータベースのサービスは，個人や中小企業などで導入するには高額な情報源であった。インターネットの普及以前にもコンピュータ通信や専用回線の利用によるデータベースの利用という形態があった。しかし通信費用，回線設置費用，コンピュータのハードウェアが高額だったことに加え，データベースサービスそのものも高額かつ専門性の高い内容が多く，教育現場での利用はなかなか困難であった。とくに日本の学校図書館においては，維持管理面での専任担当者が置かれていないケースが多かったため，図書以外の新たなメディアの導入は必ずしもすみやかには行われなかった。学校図書館がこうしたデータベースの利用に積極的に取り組む事例は一部の先進校にとどまったきらいがある。

教育的な利用の例として，上月教育財団の助成を受けた研究で，和歌山県立星林高等学校の井上宏明教諭のCD-ROMを用いた新聞記事検索の実践事例（1992年）(注10) があるが，その中で1990年からコンピュータ通信を使ったオンラインデータベースの検索を実習に取り入れていたが，費用がかさんだためにCD-ROM版の新聞記事データベースを購入し，1993年から２年間にわたって活用したことが報告されている。また，CD-ROMはパッケージ系のメディアであることが，管理手続きの図書との類似性につながったためか，公共図書館，大学図書館のみならず学校図書館にも比較的違和感少なく，新たな資料として受け入れられた。1990年代後半から，雑誌「学校図書館」の記事にも「学習メディアとしてのCD-ROMの利用」などの見出しが見られるようになった。

その後，インターネットの普及により，商業的なデータベースサービスがウェブベースで行われる態勢が整い始めた。日本を代表する商業データベースサービスである「日経テレコン21」は1996年からインターネット対応のサービスを開始している。実際の活用事例については，第Ⅶ章およびⅧ章で紹介する。

4　閲覧機器や設備の管理

(1) 日本の学校図書館の情報化の遅れの要因

日本の学校図書館の情報化の歩みは，2000 年以降叫ばれてきた「教育の情報化」の後も遅々として進まない。2016（平成 28）年度の文部科学省の「学校図書館の現状に関する調査」(注 11) によれば，蔵書のデータベース化は，高等学校こそ 91.3%であるが，小学校・中学校では 70%台にとどまり，学校図書館内に，「児童生徒が，検索・インターネットによる情報収集に活用できる情報メディア機器が整備されている」という項目の平均は 14.8%で，高等学校平均すら 50%に欠ける惨状である。

図表５－４　学校図書館における物的整備の状況「学校図書館の蔵書のデータベース化の状況」(平成 27 年度末現在)　※公立学校における状況

		学校数 (A)	蔵書をデータベース化している学校数 (B)	割合 (B/A)	内訳（データベース化の状況） 25% 未満の学校数(C)	割合 (C/B)	25～50%未満の学校数 (D)	割合 (D/B)	50～75%未満の学校数 (E)	割合 (E/B)	75～100%未満の学校数 (F)	割合 (F/B)	100%の学校数 (G)	割合 (G/B)
小学校		19,604	14,495	73.9%	286	2.0%	211	1.5%	381	2.6%	3,753	25.9%	9,864	68.1%
中学校		9,427	6,852	72.7%	191	2.8%	177	2.6%	329	4.8%	2,172	31.7%	3,983	58.1%
高等学校		3,509	3,204	91.3%	91	2.8%	144	4.5%	318	9.9%	1,250	39.0%	1,401	43.7%
特別支援学校	小学部	837	407	48.6%	24	5.9%	13	3.2%	34	8.4%	119	29.2%	217	53.3%
	中学部	834	402	48.2%	26	6.5%	13	3.2%	33	8.2%	116	28.9%	214	53.2%
	高等部	850	414	48.7%	21	5.1%	16	3.9%	40	9.7%	109	26.3%	228	55.1%
中等教育学校	前期課程	31	29	93.5%	0	0.0%	2	6.9%	0	0.0%	9	31.0%	18	62.1%
	後期課程	30	28	93.3%	0	0.0%	2	7.1%	0	0.0%	10	35.7%	16	57.1%
合計		35,122	25,831	73.5%	639	2.5%	578	2.2%	1,135	4.4%	7,538	29.2%	15,941	61.7%

		当該電子管理を活用して貸出・返却を行っている学校数 (H)	割合 (H/B)
小学校		12,805	88.3%
中学校		5,868	85.6%
高等学校		2,868	89.5%
特別支援学校	小学部	162	39.8%
	中学部	160	39.8%
	高等部	170	41.1%
中等教育学校	前期課程	25	86.2%
	後期課程	24	85.7%
合計		22,082	85.5%

こうした学校図書館の情報化の遅れの理由はいくつかあげることができるが，その1つに学校内の分掌の縦割りが考えられる。多くの学校では，学校図書館と情報教室は別々の施設として配置され，その管理も，異なる教員が異なる分掌として担当しているケースが多い。新たに図書館に情報端末を設置するとなると，その管理運営をだれが行うのか，情報教室との機能分担はどうするのか等の問題を解決しなければならない。欧米諸国で実現されているような，図書館とコンピュータ室を統合する発想は，従来型の日本の学校運営の発想では実現しにくい。

もう1つは，情報化のための予算の問題である。近年文部科学省は，学校図書館の図書資料の充実のために，繰り返し5か年計画を組み，年間数百億円単位の予算を計上している。直近の学習指導要領との関連では，言語技術教育の重視や読解力向上の見地から新聞購読予算も付いたが，学校図書館の情報化についての予算措置について大きな動きはない。このような現状では，情報教室以外に情報機器を設置する予算的余裕はほとんどの学校には無いのが実状だろう。学校図書館運営を実際に担当している司書教諭や係教諭，あるいは学校司書の裁量のみでは，情報端末の導入を希望しても予算がなく実現できない現状がある。

（2）タブレット端末が変える学校図書館の風景

前述のようなもどかしい現状を，タブレット端末の普及が変えつつある。2010年代に入り，学校図書館で活用される情報端末が，それまでのデスクトップあるいはノート型のパーソナルコンピュータから，タブレット端末に遷移している兆候が見られるようになった。

軽量で，電源コードやケーブルに拘束されない情報端末が学校に入ることによって，これまでなかなか学校図書館に導入・定着しなかったコンピュータの導入が比較的容易になった。近年タブレット端末の導入は多くの学校で進み，ひとたび導入されれば，これまでのデスクトップ型のコンピュータと比べて使う場所を選ばない利点がある。また，タブレット端末の形状やサイズが，ノートと類似であることも，図書や雑誌と併用することの利用者側の違和感を軽減させていると考えられる。情報端末の軽量化が，図書館でのコンピュータ利用に対する物理的・心理的な障壁を解消しつつあるということだろう。とくに小学校では，図鑑やグラフなどの視覚的な情報源を，鮮明な画像で，必要に応じて拡大しながら閲覧できることには，大きな教育上の利点があると考えられる。

図表５－５　学校図書館でのタブレット端末活用事例

出典：東京学芸大学附属世田谷小学校

（3）おわりに

日本では情報教育関係のパイロットプロジェクトは多数展開されているが，電子黒板の導入にせよ，タブレット端末の実践研究にせよ，その実践の場として学校図書館が選ばれることが余りにも少ないことが懸念される。

しかしながら学校図書館におけるデジタルメディア活用の潜在的可能性は大きく，タブレット端末の導入例からも明らかなように，着実に進展しつつある。今後，学校図書館におけるデジタルメディアの活用実践がさらに発展し，教育の情報化のフィールドとして学校図書館が認知されることを切に願うものである。

（河西由美子）

〈注〉

（注１）文部科学省『学校図書館ガイドライン』（『学校図書館の整備充実について（通知）』）2016年

（注２）文部科学省『平成28年度文部科学省「学校図書館の現状に関する調査」』2016年

（注３）注２参照。

（注４）河西由美子『調べ学習パッケージの開発—学校図書館を活用した探究学習のすすめ』学校図書館　2010年　711号　p.30-32

（注５）注２参照。

（注６）日本新聞協会が以下のウェブサイトを運営している。『NIE教育に新聞をNewspaper in Education』（https://nie.jp/［2020年８月１日現在参照可］）

（注７）ニュースパーク　日本新聞博物館（https://newspark.jp/［2020年８月１日現在参照可］）

（注８）全国学校図書館協議会『学校読書調査の結果—第65回学校読書調査（2019年）』（https://www.j-sla.or.jp/material/research/dokusyotyousa.html［2020年８月１日現在参照可］）

（注９）日本ミック『切り抜き速報シリーズ』は，各専門分野の新聞記事のクリッピングした月刊誌である。小学校，中学校における主題別学習，高校生以上の本格的な探究学習において各分野の専門的事項を時系列で概観することを容易にする情報源である。（https://www.nihon-mic.co.jp/kirinuki/index.html［2020年８月１日現在参照可］）

（注10）井上宏明『CD-ROMを用いた新聞記事検索—「情報処理（１）」における情報処理活用能力の育成』「上月教育財団第１回研究助成要約」上月教育財団1992年

（注11）注２参照。

情報メディアの種類と特性（2）

1　デジタルメディア情報源（ウェブサイト）

（1）ウェブサイト

ウェブとは，WWW=World Wide Webの最後のWebを取りあげて称しているもので，今日ではインターネット上の情報源を総称してウェブと呼ぶことが多い。従来インターネット上で活用できる機能には電子メールやメーリングリスト，電子掲示板などがあったが，情報技術の急速な進歩により，青少年にとって身近なコミュニケーションツールとしての有利性はSNS（Social Networking Service ソーシャル・ネットワーキング・サービス）に取って代わられつつある。

しかしながら，こと情報検索の対象として，あるいは教育・学習のための（主として無料で得られる）データ集合として，ウェブ情報源の世界的な総量は増加の一途をたどり，大きな魅力を保ちつつある。

一般的な用法として，本などの1ページにあたる1つの情報掲載の単位をウェブページと呼び，内容的に複数のウェブページを束ねている単位のものをウェブサイトと呼び分けるが，ウェブサイトのことをホームページと呼ぶこともあり，同一人でもホームページ，ウェブサイトと併用することがあるので，インターネットに不慣れな児童生徒に対して用いるときには，混乱を避けるために，用語の定義や簡単な説明，場合によっては用語を統一するなどの配慮を行う必要がある。また「サイト」や「ウェブ」などとさらに縮めて用いることもあるので注意が必要である。

前述のSNSなどに示されるとおり，インターネット上で情報を扱うインタフェース（コンピュータやソフトウェアを扱う際の操作画面）は，日々ユーザーフレンドリー（利用者にとっての敷居が下がること）の度合いを高め，だれでも手軽に情報を登録して公開，共有ができるため，学校および学校図書館でウェブサイトを活用する場合には，まず情報の発信者に着目しつつ，内容の信頼性や正確性を重視して選定する必要がある。一般的に公立学校では，教育委員会が一律のフィルターをかけており，学校から外部のインターネットに自由に接続することができないケース（フィルタリング）も多い。地域によって状況は異なると思われるが，あまりに厳しいフィルタリングをかけてしまうと，本来学習に用いるキーワードで検索しても結果が得られない場合（性に関するもの，ドラッグに関するもの，自殺に関するものなど，本来であれば保健の授業の調べ学習で取り扱う可能性がある主題など）がある。ネットワーク管理者と学校側，学校図書館担当者の間で協議をし，閲覧可能なサイトを登録する（ホワイトリストを作る）等，教育学習活動に支障なく使用できるような環境設定が重要である。

（2）小学校で活用できるウェブサイト

小学校高学年であっても，児童自身が単独でキーワードを入力して，自身の学習に必要な検索結果を得ることには多くの困難がともない，ほぼ不可能と考えたほうがよい。高校生や大学生レベルであっても情報検索を効果的に行うためには多くの知識や技能が求められることから，小学校段階では，授業内で提示するウェブサイト，あるいは児童自らに閲覧させるウェブサイトは，前もって教員側が用意しておく必要がある。

子どもにとって一般的なウェブ検索が困難な理由は，検索技術のみの問題ではない。ウェブ情報源では検索結果の大半が成人を対象とした内容であり，適切な内容を検索できたとしても内容が充分に読解できないために，求めていた結果を見逃し，延々と無益な検索を繰り返してしまうことが起きやすい。検索に不慣れな学習者を長時間放置して検索させることは全く生産的ではなく授業時間の浪費になってしまう。

以下に小学生でも閲覧・読解しやすいよう作成されたウェブサイトをいくつか紹介しておく。

・【政府広報オンライン　キッズページリンク集】

https://www.gov-online.go.jp/kids/index.html

各省庁のキッズページのポータルサイト。リストには国立国会図書館キッズページ（https://www.kodomo.go.jp/kids/index.html）もある。

・【Yahoo！きっず】

https://kids.yahoo.co.jp/

大手検索サイトの Yahoo！が子ども向けに1997年から開設しているポータルサイト。20年以上の運営実績に基づいている。

・【きっずすたっと～探そう統計データ～】

https://dashboard.e-stat.go.jp/kids/

総務省が子ども向けに解説している統計サイト。ビッグデータ時代を迎え，学習指導要領の中にも統計に関する記述が増加しつつある。小学校中学年以上では人口など統計的な概念に触れる機会が生じるため有用なサイトである。統計に関するリンク集としては同省による「なるほど統計学園」もある。

https://www.stat.go.jp/naruhodo/link.html

・【子どものための情報セキュリティサイト　キッズ】

http://www.soumu.go.jp/main_sosiki/joho_tsusin/security/kids/

総務省が開設しているサイトで，同内容のおとな版もある。

また2020年以降の新学習指導要領で注目されているプログラミング教育に関するポータルサイトもある。

・【小学校を中心としたプログラミングポータル】

https://miraino-manabi.mext.go.jp

同じく喫緊の課題である英語教育についても，文部科学省協力の上作成されている以下のサイトがある。授業事例や指導案は小学校から高等学校までをカバーしている。

・【えいごねっと】
http://www.eigo-net.jp/

（3）中学校・高等学校で活用できるウェブサイト

中学生・高校生であれば，ほぼ成人と同内容のウェブサイトを閲覧することが可能だろう。検索によって自分の求める情報にたどり着くことが可能な生徒も一定数存在すると思われる。しかしながら，玉石混交のウェブ情報源の中で，信頼性・正確性の高いウェブサイトから情報を得られるよう指導することの必要性と重要性は小学校と同様である。

・【政府広報オンライン】
https://www.gov-online.go.jp/
一般向けのサイト。国の全省庁の情報にアクセスできる。また首相官邸（kantei.go.jp）からもリンクが貼られているので，アドレスが記憶しやすい首相官邸サイトからジャンプするのも便利である。

国に準ずるものが地方自治体のサイトであるが，これらは統合したポータルサイトはないため，各自治体名で検索しなければならない。

有限会社ユニバーサルワークス（https://www.u-works.co.jp/jichitai/2019/2019_gaiyo/gaiyo2019/）は，過去17回「自治体サイトWebアクセシビリティ調査」を実施しており，2019年も47都道府県・20政令指定都市の自治体サイトのアクセスしやすさを評価している。例年異なる観点でのテーマを設定しており，2019年の焦点は「404エラーページ」である。「404エラーページ」とは，「URLが変わったり，ページが削除されたり，アドレスの入力を間違えたりした際に表示され」る「404 Not Found」のページを指す。重要なページでエラーが出現したり，1つのウェブサイトにあまりにも多くのエラーページが表示されることはウェブサイトの管理責任が問われるところでもあり，批判的にウェブサイトを閲覧する上での１つの観点を提供していると言えるだろう。

中学校・高等学校レベルでは教科別内容のウェブサイトは，一般の検索で閲覧表示できるものはすべて対象となるため，ここに網羅的に紹介することは難しい。授業で紹介したいデータや内容が，民間や個人のサイトに掲載されていたり，ウィキペディア（https://ja.wikipedia.org/）やヤフー知恵袋（https://chiebukuro.yahoo.co.jp/）といったユーザー参加型の情報サイトも乱立していることから，指導側があらかじめ内容を吟味した推奨サイトなどを一定程度示した方がよいのは小学校と同様である。

その際ウェブサイトの選定には，以下のような形式的な観点も重要となる。

- ウェブサイトの製作者・責任者が明示されているか。
- ウェブサイトの製作者・責任者は公的な機関，企業，特定できる個人（専門家・研究者など）であるか。
- 作成された日時が明示されているか。
- 定期的な更新がなされているか。最終更新日が古くないか。

以下は内容の信頼性に関わる吟味になるが，

- ウェブサイトに不明の点があった場合の問い合わせ先（インターネット経由ではない電話番号など）が明記されているか。
- 製作者・責任者の機関・所属に関わらず，内容に明らかな誤りや極端な主義主張，学説等の偏りがないか。

このような観点をもってウェブサイトを見ること自体が，生徒にとっては情報消費者として批判的思考を学ぶ機会になるだろう。

2　デジタルメディア情報源（オンラインデータベース）

（1）オンラインデータベース

インターネットの普及以前より，専用回線を利用した商業的なデータベースサービスは存在していたが，1990年代後半の本格的なインターネットの普及を背景に，オンラインデータベースの提供がウェブベースで行われる態勢が整い始めた。日本を代表する商業データベースサービスである「日経テレコン21」は1996年からインターネット対応のサービスを開始した。

こうした動向を受けて，財団法人データベース振興センター（2006年にJIPDECに統合 https://www.jipdec.or.jp/ov/history.html）は，経済産業省，情報処理振興事業協会，国内の主要データベース・プロデューサおよびディストリビュータ（販売代理店）との協力の下，1999年度から「教育分野におけるデータベース利用推進事業」を開始した。この事業は，前述の日経テレコン21などの，ビジネス現場での情報源として使われている客観的で信頼性の高いデータベースが利用できる環境を，小学校・中学校・高等学校・高等専門学校に無償で提供し，学校教育における情報活用の促進を図るとともに，児童・生徒・教員の情報リテラシーの向上を目指す事業として計画され，定額有料化などの変遷を経ながらも2007年度まで継続された。国内主要新聞を含む日本では最大規模の商業データベースが学校に導入されたことは非常に画期的で，意義深いことであった。同財団のホームページによると2001年度の参加校は小学校・中学校・高等学校に高等専門学校・養護・盲・聾学校（当時）を加えた440校にのぼっている。検索用のページにも小学生向けのページを選択するとふりがな付きの画面が見られ，図鑑のデータベースもあるなど，インタフェースや内容の工夫が見られた。

インターネット活用が推進され始めた1990年代後半当時のデータベースに関する教育実践には，データベースを独自に構築する，という制作・発信型のものが非常に多く，情報の蓄積物を何でもデータベースと呼ぶ傾向があったが，本来の専門情報資源としてのデータベースは，情報提供のプロ集団（新聞社，出版社，情報サービス企業，図書館など）により構築され流通する商品性の高いものを指す。とくに専門的なデータベースを検索するためには，ウェブ上のインタフェースを介していても，情報自体の専門性の高さに応じて特殊な分類や格納をされているために，検索のための独特なプロトコルや統語法の理解が求められるケースも多い。ウェブの検索とは異なる専門情報に特化したデータベース利用・検索は，本来は専門的な指導が要求される性質のものである。図書館情報学分野には，情報の内容が特化・限定された専門情報データベースになじんでいる実践者が多いことから，指導者・支援者としての役割も期待される。

教育ポータルサイトと称してウェブ上に掲載されている教育用リンクも多いが，横断的な検索が不可能であるために，リンクの内容を一つ一つ確認せねば利用できず，結果的に使いにくいデータの集積になってしまっているケースもある。利用者の側も，日々ウェブ上の膨大な情報に接してはいても，体系的な知識や専門的な検索経験が欠如しているために，溢れる情報を必ずしも効果的に利用できているとはいえない。情報検索に特化したトレーニングは，学校教育の中で充分に行われているとはいえず，図書館情報学分野の知識と経験を有する専門家による体系的な教育の必要性が示唆される。

（2）小学校で活用できるオンラインデータベース

①新聞記事データベース

種類が多くそろっており，かつ学習情報としても有用性の高いものは，やはり新聞記事データベースであろう。大手新聞社の多くが子ども向け新聞を発行しており，そのウェブサイトが公開されている。

・【ジュニア朝日】
https://digital.asagaku.com/shogaku/
「朝日小学生新聞」と「朝日中高生新聞」のサイト。
・【毎日小学生新聞】

https://mainichi.jp/pr/maisho/

「毎日小学生新聞」のサイト。

・【読売KODOMO新聞】

https://www.yomiuri.co.jp/kodomo/

「読売KODOMO新聞」のサイト。

また，地方新聞でもこども新聞サイトを開設しているケースも多い。

・【こども新聞 週刊かほピョンプレス】

https://www.kahoku.co.jp/special/kodomo/

河北新報（宮城県）発行のこども新聞「週刊かほピョンプレス」のサイト。

②百科事典

第Ⅴ章の図書資料でも述べたが，ポプラ社による子ども向け百科事典「ポプラディア」にはオンライン版「ポプラディアネット」(https://poplardia.net/what) が存在する。これは小学生だけでなく中学生も対象にした内容となっている。公共図書館でも提供しているところがあるので，学校図書館で導入する前に公共図書館で試用してみるのもよい。

（3）中学校・高等学校で活用できるオンラインデータベース

①新聞記事データベース

小学校の箇所で紹介しなかった新聞記事サイトとして，以下がある。ただし，ニュース機能はあるが，厳密な意味でのデータベースやアーカイブ機能は保障されていない。

・【読売中高生新聞オンライン版】

https://www.yomiuri.co.jp/teen/

②百科事典

中学校・高等学校では，一般向けの百科事典が活用可能である。デジタル版で日本で汎用性の高い事典系のポータルサービスとしては，「ジャパンナレッジ」（Japan Knowledge）があり，学校版がリリースされている。英国発祥の百科事典として定評のある「ブリタニカ」も教育機関向けのパッケージを提供している。

・【ジャパンナレッジ School】
https://school.japanknowledge.com/
・【ブリタニカオンライン　中高生版】
https://www.britannica.co.jp/online/products/#bolj

③専門情報データベース

各教科の情報源として活用できる代表的なもの（有料）には以下がある。

・【理科年表プレミアム】
国立天文台が編纂する 1925 年以降の暦，天文，気象等の図表データ集
・【ルーラル電子図書館】
農山漁村文化協会が出版している雑誌・書籍から，食べ物・健康・農業・環境などの情報を検索・閲覧できる。記事検索と記事概要の閲覧は，だれでも無料で利用できるが，データの本体を閲覧，利用するためには入会が必要となる。主な所蔵データは，月刊誌『現代農業』（1985. 1 ～），『農業技術大系』『聞き書 日本の食生活全集』などがある。テキストのほか，カラー画像も多数収録され，探究型学習の情報源として有用である。
・【ナクソス・ミュージック・ライブラリー（NAXOS Music Library）】
ナクソス・ジャパン株式会社が運営する，クラシックを中心に，190 万曲以上を自由自在に再生できる音楽データベースである。音源が豊富であり，音楽教育に力を入れている学校であれば，使用を検討する価値はあると思われる。

3　電子書籍

（1）米国学校図書館における電子書籍受け入れの現状

残念ながら日本の学校図書館における電子書籍の導入・活用はまだまだ事例が乏しいため，ここでは近年の米国の学校図書館における電子書籍の導入状況を紹介することとしたい。

米国の図書館専門誌であるライブラリー・ジャーナル（Library Journal）は，2010年から毎年，Eブック（以下「電子書籍」）に関する調査を実施している。ここでは電子書籍導入初期の動きを概観するため2010年から2015年のデータを概観してみたい。

2015年調査[注1]の回答数は916校と，13万校を超える全米の学校数[注2]からみると限定的ではあるが，2010年からの経年変化を見ることによって一定の傾向を知ることができる。

2015年調査結果では，56％の学校が電子書籍を導入しているが，2014年の66％から低下し，2013年度レベルに戻ってしまっている。その要因として，児童生徒は学校の授業や課題で電子書籍を利用することが多く，娯楽その他の読書については印刷媒体を好んでいることがあげられている。

閲覧のためのデバイス（複数回答）は，学校内あるいは学校図書館内設置のデスクトップコンピュータが56％，学校・学校図書館所有のノートパソコンが47％，児童生徒持ち込みのタブレット端末が47％，学校あるいは学校図書館所有のタブレット端末が46％，児童生徒自身の電子書籍リーダーが40％，児童生徒のスマートフォンが37％，学校あるいは学校図書館の電子黒板が33％と続く。

（2）今後の電子書籍導入の課題と展望

同調査の2012年の米国学校図書館調査結果[注3]で印象に残った項目があった。それは「電子書籍を学校図書館で導入する動機」で最も多かった回答が「図書館員の動機による」ことである。電子書籍を学校図書館で導入する場合には，当然ながら閲覧環境を整える必要がある。日本の学校図書館で，学校図書館従事者（司書教諭や学校司書）の提案によりすみやかに電子書籍導入がかなえられる学校がどれだけあるだろうか？　情報技術の進展に見合った学校図書館従事者の養成や研修プログラムの重要性がうかがわれる事案であるが，電子コンテンツ導入におけるリーダーシップをどう考えるかという，学校や教育委員会にとっての大きな課題でもある。

2020 年のコロナ禍を経て，学校内で対面で資料提供をする，という従来の学校図書館での「あたりまえ」は大きく揺らいだ。オンライン授業や分散登校といったかつてない学習形態に，日本の学校図書館は，ほぼなす術がないという厳しい現実を突きつけられた。

2020 年 7 月 20 日，小中高等学校向け電子書籍サービス School e-Library（スクールイーライブラリー）(注4) は，有料登録者数が 12,000 名を超えたと発表した (注5)。

同サービスは，2020 年度 4 月に，一部の小学校・中学校・高等学校に対して，１か月無料のアカウントを発行するというサービスを行っていた。折しも多くの学校からの申し込みが殺到し，実際に無料サービスを利用した学校は限定的だったと考えられる。しかしながら，こうした比較的安価な電子書籍パッケージサービスを（英語圏の学校では珍しいものではないが）日本の学校でも利用できる可能性が拓けてきたことは心強いことである。サービス対象の出版社や選書など，まだ多くの制約があるサービス内容のようであるが，今後学校における需要が高まることで，使用できるサービスが増加し，サービス内容の質が高まることに期待したい。

4　学校図書館のデジタル化の課題

第Ⅴ章で詳述のとおり，日本の学校図書館の情報化の歩みは，2000 年以降叫ばれてきた「教育の情報化」の後も遅々として進まない。2016（平成 28）年度の文部科学省の調査 (注6) によれば，全国の小学校・中学校の蔵書のデータベース化は 73％前後にとどまり，児童生徒が自由に使えるコンピュータ整備率も10％台という現状である。

こうした長期にわたる情報環境整備の停滞を，2020年からのコロナ禍を受けてのデジタル社会への変革をにらんだ国家プロジェクトが変貌させる可能性がある。ただ，それは過去に学校の情報化，教育の情報化から取り残されてきた学校図書館のあり方を大きく変えることを前提とした期待である。2019（令和元）年度4月1日より，文部科学省総合教育政策局地域学習推進課に「図書館・学校図書館振興室」が新たに設けられた。図書館・学校図書館に関することを所掌するとのことである。学校図書館がデジタル化の大きな流れの中に組み込まれ，過去20年余りの情報環境整備の遅れの挽回につながることを期待したい。

第Ⅴ章で指摘した課題を克服するためには，学校図書館界全体から声を大きくして情報化の必要性を訴えるとともに，ボトムアップで声をあげるための学校内教職員の意識変革も重要である。司書教諭も学校司書も，法律上に明記はされているものの，学校図書館の専門職として，広く学校や社会に認知されているとは言えない。専任の司書教諭や学校司書の数は限定的で，米国のように学校図書館に常駐し不可欠の専門職として，電子書籍や情報端末機器の選定に学校内での発言力を有する存在には残念ながらなり得ていないというのが日本の多くの学校の現状である。

その中にあって，司書教諭は，教員として，学校や地域の事情に精通し，直接児童生徒の指導にあたり，同僚教員に学校図書館の役割や機能，存在意義や重要性について解説できる立場である。ぜひ中堅以上の司書教諭が，新しい情報メディアの活用を想定した学校図書館の未来像を構想し，学校図書館に新たな情報環境を構築することに扉を開いていただきたい。

（河西由美子）

〈注〉

（注1）Library Journal, School Library Journal, “e-book usage of U.S. School (K-12) Libraries Sixth Annual Survey 2015” Sponsored by Follett（http://www.ala.org/support/

sites/ala.org.support/files/content/Library/SchoolLibraryReport_2015.pdf［2021年２月１日現在参照可］）

（注２）2017 − 2018 年度の米国の初等・中等学校は，約 13 万校である。（https://nces.ed.gov/programs/digest/d19/tables/dt19_214.10.asp［2021 年２月１日現在参照可］）

（注３）Library Journal, School Library Journal, "e-book usage of U.S. School (K-12) Libraries 2013" Sponsored by Follett（https://s3.amazonaws.com/WebVault/research/SchoolLibraryReport-2013.pdf［2021 年２月１日現在参照可］）

（注４）School e-Library（スクールイーライブラリー）（https://www.elibraryllp.com/［2021 年２月１日現在参照可］）

（注５）PRTIMES（https://prtimes.jp/main/html/rd/p/000000002.000038124.html［2021 年２月１日現在参照可］）

（注６）文部科学省『平成 28 年度「学校図書館の現状に関する調査」結果について（概要）』2017 年（https://www.mext.go.jp/a_menu/shotou/dokusho/link/__icsFiles/afieldfile/2016/10/13/1378073_01.pdf［2021 年２月１日現在参照可］）

学校における ICT の活用

1　アプリケーション・ソフトウェア

2002（平成 14）年６月に文部科学省が発表した「情報教育の実践と学校の情報化～新情報教育に関する手引」第５章第２節には，主なソフトウェアの分類として以下が挙げられている（注１）。

基本的なソフトウェア	基本ソフトウェア・オペレーティングシステム（OS）
	言語処理ソフトウェア
	基本的応用ソフトウェア ・日本語ワードプロセッサ ・表計算 ・データベース ・図形作成 ・プレゼンテーション ・インターネット閲覧 ・電子メール ・ホームページ作成 ・ウィルス対策，セキュリティ
教育用ソフトウェア	学習指導用ソフトウェア ・ドリル学習型 ・解説指導型 ・問題解決型 ・シミュレーション型
	学習計画用ソフトウェア ・教材作成 ・資料，データ集 ・成績処理 ・診断，評価 ・その他

	学校運営用ソフトウェア ・時間割作成 ・進路指導 ・体育測定 ・保健管理 ・図書管理 ・統計 ・その他

上記は，学校において必要とされる機能ごとのソフトウェアを網羅しており，その基本的な必要性は現在も変わらない。しかしながら，アプリケーションやソフトウェアはさらに多様化の一途をたどっており，ネットワークと接続することを前提としたものも増加している。教職員も児童生徒も，日常生活の中で，スマートフォンやタブレット端末等の上で，日々さまざまなアプリケーションやソフトウェアに接していることだろう。

本章では，2019（令和元）年12月に発表された「教育の情報化に関する手引」(注2)等に基づき，今日の学校教育および学校生活における必要性に基づき，学校内のICT環境整備について概観していきたい。

2　教育用ソフトウェア

（1）国のICT環境整備の方針

文部科学省「平成30年度以降の学校におけるICT環境の整備方針」(注3)は，「新学習指導要領の実施を見据えた，平成30年度以降の学校におけるICT環境整備の方針について，『学校におけるICT環境整備の在り方に関する有識者会議最終まとめ』（平成29年8月2日）（中略）も踏まえながら，定めた」とし，以下の３つの方針を提示している。

①児童生徒の情報活用能力の育成について（児童のプログラミング学習）

②各教科等におけるICT活用について（個別学習，グループ別学習，繰り返し学習，学習内容の習熟の程度に応じた学習，児童生徒の興味・関心等に応じた課題学習，補完的な学習や発展的な学習などの学習活動，指導方法や指導体制の工夫改善による個に応じた指導の充実）

③学校のICT環境整備について

（２）学校の ICT 環境整備の観点

上記資料によれば，学校の ICT 環境整備については，以下の３つの観点があげられている。

①新学習指導要領におけるICTを活用した学習活動を具体的に想定しながら検討を行うこと。

②ICTを活用した学習活動を踏まえ優先的に整備すべきICT機器等と機能について具体的に整理を行うこと。

③必要とされるICT機器等及びその機能の整理に当たっては，限られた予算を効果的かつ効率的に活用する観点から検討を行うこと。

その上で，今後の学習活動において，最低限必要とされ，かつ，優先的に整備すべき ICT 機器等の設置の考え方および機能の考え方について，以下の８点が示された。

①大型提示装置（次節にて言及）

②実物投影装置（次節にて言及）

③学習者用コンピュータ（児童生徒用）

④指導者用コンピュータ（教員用）

⑤充電保管庫

⑥ネットワーク

⑦いわゆる「学習用ツール」

⑧学習者用サーバ

上記のうち，とくに教育用ソフトウェアやアプリケーションへの関連から言及があるものは，③の児童生徒用のコンピュータと，⑦の「学習用ツール」である。従来から活用されてきた「ワープロソフトや表計算ソフト，プレゼンテーションソフトなどをはじめとする各教科等の学習活動に共通で必要なソフトウェア（いわゆる「学習用ツール」）の整備」が目指されている。

とくにコンピュータの要件は以下のとおりきわめて詳細に記述されている。

①ワープロソフトや表計算ソフト，プレゼンテーションソフトその他の教科等横断的に活用できる学習用ソフトウェアが安定して動作する機能を有すること。
②授業運営に支障がないように短時間で起動する機能を有すること。
③安定した高速接続が可能な無線LANが利用できる機能を有すること。
④コンテンツの見やすさ，文字の判別のしやすさを踏まえた画面サイズを有すること。
⑤キーボードの「機能」を有すること。なお，小学校中学年以上では，いわゆるハードウェアキーボードを必須とすることが適当であること。
⑥観察等の際に写真撮影ができるよう「カメラ機能」があることが望ましいこと。

ネットワークに関しては，校内LAN（有線および無線）は，「学級で児童生徒全員が１人１台の学習者用コンピュータを使い調べ学習等のインターネット検索をしても安定的に稼働する環境」を確保するよう求められている。また，セキュリティについても「教育情報セキュリティポリシーに関するガイドライン」の検討をふまえたセキュリティ対策を講じることが要求されている。

これらの国の方針からは，小学校からのプログラミング教育，また，1人1台のコンピュータ設置に向けてICTを活用するという段階を超えて，ICTを前提とした学校教育のあり方への大きな進展が感じられる。

（3）学校図書館で活用すべきソフトウェア・アプリケーション

①探究型学習における図書館の役割

新しい学習指導要領では，探究型の学習も大きな焦点の1つになっている。学校内の学習情報センターである学校図書館では，探究型の学習のさまざまなプロセスにおいて，情報提供の観点から児童生徒を支援することになる。また，欧米先進国の図書館文化では，図書館はその種別によらず，利用者の情報行動を支援する社会的な役割が強いことから，知的生産において，トレーニングの場所としての役割を担ってきている。日本ではその認識はこれまで比較的薄かったものの，探究型の学習にともなって生じる，長期間にわたる情報探索とその記録方法の指導は，コンピュータ室や一般教室ではなく，学校図書館にこそふさわしい内容である。

②図書館における調査記録の方法

学校図書館において長期間探究的な調査を行うということは，一部の私立学校や先進的な学校図書館実践校を除いては，過去の日本の学習指導要領においては，ほとんどその機会が与えられなかったといってよい。

しかし新学習指導要領においては，とくに高等学校では，「総合的な探究の時間」において，ほぼすべての学校がこの課題に直面することになるのである。現時点では，必ずしも探究的な学習における学校図書館への期待や注目は大きくないように見えるが，学校図書館が潜在的に有している探究型の学習へのサポート機能の利点としては，例えば以下があげられるだろう。

①印刷媒体を中心とした知的情報源の提供

②学校図書館メディアの内容知識の提供

③学校図書館メディアの活用指導と支援

④探究における記録管理の指導と支援

とくに④の記録管理は，図書資料を中心とした調べ学習の記録という形式では，小学校低学年から実施が可能である。

筆者は，司書教諭や学校司書との共同研究において，調べ学習支援のプロジェクトを実施したことがある（注4）。学校図書館や公共図書館における資料を熟知した司書や司書教諭が，あらかじめ児童生徒の探究的問いに答えられる資料をパッケージとして準備し，テーマごとに20点程度の図書資料を教室に持ち込んで，効率的に探究を展開させるという試みであった。

一単元数時間の授業であっても，継続して一つの問いをグループや教室で取り扱うためには，探究の各段階における記録が重要となる。そこで，小学生でも記録しやすいワークシートを考案した。段階ごとに以下の３種類である。

①そのままカード（閲覧した図書に記載されている情報をそのまま書き写す）
②まとめるカード（複数の「①そのままカード」の結果を集約する）
③おもったカード（調べた結果について自分の考えを書く）

①の「そのままカード」は，自らが求めている問いに対する答え，例えば「クジラは何を食べるのか」に対して，閲覧した図書に「オキアミ」と書いてあれば，そのまま「オキアミ」と記す。高校生など学年が上がれば，これは資料に書かれていた情報をそのまま記す「引用」のための原文のメモになりえる。そこで原文を一言半句変更することなく「そのまま」記録することが求められるのである。

「そのままカード」が複数枚集まったところで，初めて調査結果を集約，比較などを行う段階に入る。そこで用いるのが「まとめるカード」である。「そのまま」の段階を経ずに，いきなり「まとめる」ことは，客観的な根拠を示して討論する際には問題が生じる。要約には主観が混じるため，学術的な記録においては，著作権法上は限りなくグレーに近い引用とみなされかねない。

２種のカードによる段階的検討を経て自らの考察にいたるのが「おもったカード」の段階であり，これらは小学校であれば感想文の下書きとなり，中学校以上では，レポートの考察にいたる手前の素材となろう。

このような，探究学習を側面支援するツールがあれば，混沌として見えにくい探究のプロセスを，作業の段階ごとに可視化することができる。これらのカードは，デジタル教材・図書館利用指導用提示ソフト「まかせて！学校図書館」（スズキ開発ソフト）の付属資料として商品化されている[注5]。

③引用文献・参考文献記録用ソフトウェア

既に成人向けには，論文作成に付随して生じる大量の引用文献や参考文献を記録し整理するためのソフトウェアが存在する[注6]。

大学図書館では，図書館の個人アカウントサービスなどに，これらの複数の文献管理ソフトウェアを連結させて，利用者が検索した文献の書誌情報を管理する，数千種類にもおよぶさまざまな引用表記にアウトプットする等の機能を付加したサービスを実現している。これまでは研究者が一件ごとに転記していた書誌情報管理を容易にし，論文作成の煩瑣（はんさ）な部分を支援するソフトウェアである。

ここまでの高度な機能は不要でも，半年間から一年間という長期にわたって探究活動を継続する高校生には，より簡便な文献管理ソフトウェアが必須のものとなるだろう。スマートフォンの撮影機能をメモ代わりに駆使している現在の高校生であれば，探究型学習にともなう膨大なメモや記録を手書きで行う作業は，それだけで大きな負担を感じることだろう。

登本洋子らは，「メディアの特性を踏まえた情報収集を促進する生徒向け参考文献管理システムの開発と評価」[注7]として，中学校における探究学習を側面支援するシステムの開発を行っているが，このような学習現場のニーズに応じたソフトウェアの開発は，探究学習の深化と拡がりにともない，今後より必要性が高くなることは明らかであろう。

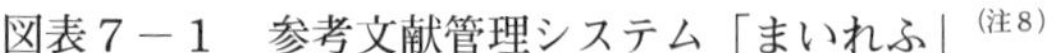
図表7－1　参考文献管理システム「まいれふ」(注8)

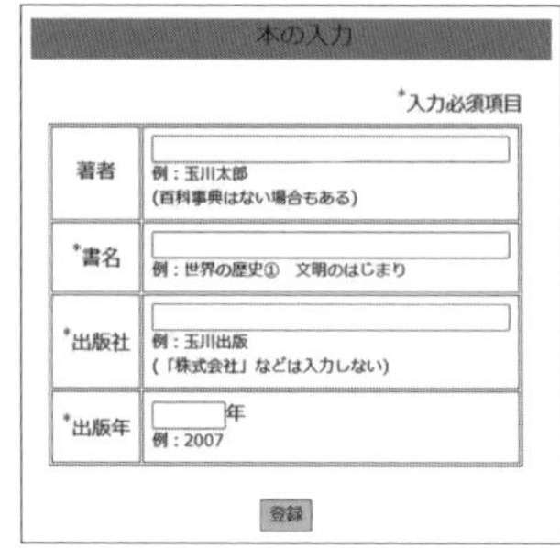

3　コンピュータの周辺機器

最後に，学校図書館で求められるコンピュータの周辺機器について述べたい。

前節で，「今後の学習活動において，最低限必要とされ，かつ，優先的に整備すべきICT機器等の設置の考え方および機能の考え方」で整理された８点のうち，①大型提示装置と②実物投影装置がこれらに該当する。

2000年代に入り，各校種でICT機器等の整備が進められてきたが，残念なことに学校図書館へのICT機器の導入は限定的なものである。探究型学習のさらなる展開をふまえて，学校図書館における学習指導の機会も増加することが想定されるが，2016（平成28）年の「これからの学校図書館の整備充実について（報告）」(注9) においても，ICT機器等の設置については具体的な記述が見当たらない。

同年の「学校図書館の現状に関する調査」においても，「学校図書館内に，児童生徒が，検索・インターネットによる情報収集に活用できる情報メディア機器が整備されている」という調査項目がある程度で，コンピュータの周辺機器として，学校図書館において①大型提示装置や②実物投影装置を用いて学習活動を展開することは想定すらされていないように読める。

さらには同調査において，情報メディア機器が全く整備されていない学校の割合は，全体の36.4%にも及んでいる。

新設校や中等教育学校，高等学校などでは比較的これらの装置の設置が進んでいることから，今後すべての学校に，普通教室と同等のこれらの提示・投影装置も整備していく必要があるだろう。

図表７－２　大型提示装置の学校図書館への設置例（東京学芸大学附属世田谷中学校）

図表７－３　ホワイトボードと短焦点プロジェクター（広島県立叡智学園）

（河西由美子）

〈注〉

（注１）文部科学省「情報教育の実践と学校の情報化～新情報教育に関する手引」2002年（https://www.mext.go.jp/a_menu/shotou/zyouhou/020706.htm［2021年２月１日現在参照可］）

（注２）文部科学省「教育の情報化に関する手引」2019年（https://www.mext.go.jp/a_menu/shotou/zyouhou/detail/mext_00117.html［2021年２月１日現在参照可］）

（注３）文部科学省「平成30年度以降の学校におけるICT環境の整備方針」2017年（https://www.mext.go.jp/component/a_menu/education/micro_detail/__icsFiles/afieldfile/2017/12/26/1399908_01_3.pdf［2021年２月１日現在参照可］）

（注４）河西由美子「調べ学習パッケージの開発 -- 学校図書館を活用した探究学習のすすめ」学校図書館　711号　2010年　p. 30-32

（注５）河西由美子・堀田龍也監修『図書館利用指導用提示ソフト「まかせて！学校図書館シリーズ」』スズキ教育ソフト（https://www.suzukisoft.co.jp/products/mt/［2021年２月１日現在参照可］）

（注６）これらの文献管理ソフトの例としては，Mendeley（https://www.elsevier.com/ja-jp/solutions/mendeley［2021年２月１日現在参照可］），Refworks（http://www.sunmedia.co.jp/e-port/refworks/），Endnote（https://www.usaco.co.jp/endnote/［2021年２月１日現在参照可］）などがあり，大学図書館などで利用されている。

（注７）登本洋子，板垣翔大，伊藤史織，堀田龍也「メディアの特性を踏まえた情報収集を促進する生徒向け参考文献管理システムの開発と評価」教育システム情報学会論文誌 34巻３号 2017年　p.261-273

（注８）注７参照。

（注９）文部科学省「これからの学校図書館の整備充実について（報告）」2016年（https://www.mext.go.jp/component/b_menu/shingi/toushin/__icsFiles/afieldfile/2016/10/20/1378460_02_2.pdf［2021年２月１日現在参照可］）

第Ⅷ章　インターネット情報源と情報検索

1　インターネット上の多様な情報源

（1）インターネット情報源の活用

第Ⅴ章，第Ⅵ章で，CD や DVD といった工学系のパッケージメディアや，WWW，オンラインデータベースといったデジタルメディア情報源について紹介した。今日それらのコンテンツの多くは，インターネット経由でアクセス可能となっている。

インターネット技術の普及は，それまで電子化されていなかった資料や情報の電子化を促し，さらには企業や公的機関の情報公開を促すこととなった。2000 年以前のデジタルメディア情報源の多くが，書籍などのデータを商業的に電子化し，有料で提供されたものにとどまっていたのに対して，2020 年代の今日，ウェブ上に公開されている情報量は官民を問わず莫大なもので，無料で公開されている情報の中にも，内容の信頼性や有用性の高いものが豊富に存在する。

しかし情報量が膨大であるがゆえに，自らの情報ニーズに合致した情報を的確に探し出せる検索能力，検索された情報の中から自らの求めるものを選別するための読解力などが要求されることになる。本章では，とくにインターネット情報源を活用するにあたって必要となる検索技術について解説する。

（2）図書館専門職と検索技術

現在の図書館司書養成課程においては，レファレンスサービスのための演習科目の中に検索技術に特化した内容が盛り込まれている。そもそも図書館に寄せられる問い合わせ（レファレンス質問）の多くは，本や資料の所在を問うものであり，蔵書目録のオンライン化やデータベースの普及が進む過程で，検索技術は図書館員に必須のものとなった経緯がある。

2000年代に入り，小学校から体系的な情報教育が展開され，高等学校には教科「情報」が新設された。情報教育開始直後の柱の1つに「情報活用の実践力」の育成があり，コンピュータやインターネットに関する知識や技術の習得が行われてきた。その中には当然情報検索の技術も含まれている。

学校図書館においても児童生徒に検索を指導し支援することの意義は非常に大きいと考えられる。1つには，情報教育においても当然，検索指導は行われるが，他にも学習内容が多々ある中で，検索技術だけに特化できる時間は少ない。一方で学校図書館では，日々の児童生徒の図書・情報の探索・検索のニーズに応じて，OPAC（オンライン蔵書目録）の検索方法や，有料データベースを含むインターネット上の情報源の検索を継続的に指導・支援する環境があるのである。授業の中では司書教諭が，授業内外では学校司書が，検索する児童生徒の傍らで日常的に情報検索を指導・支援する場面は多い。

学校司書が司書の有資格者である場合は，資格取得の過程で必ず情報検索技術について学んでいる。残念ながら司書教諭資格科目の中には，独立して検索技術のみを扱う科目は存在していないが，デジタル化の進展の中，これからの学校図書館では，児童生徒に検索技術を指導する必要性はますます高まることは論を待たない。次節では，インターネット情報源を活用する上で必須の検索技術の基本的な要素について解説しておきたい。

2　サーチエンジンの仕組みと検索技術

（1）ウェブ情報源の検索

「検索」という用語は，インターネットが普及する以前は，一部の専門家のみが使用し通用する言葉であった。それが過去三十年足らずの間に，人口に膾炙（かいしゃ）することとなった。2020年の今日，既に「検索」という言葉すら意識することなくスマートフォン上で毎日億単位の人々が兆単位のキーワードを打ち込み検索するまでになっている。

しかしながら，ウェブ上で何かを探す際に，必ずしも検索が必要なわけではない。例えば，あらかじめウェブ上に求める情報が掲載されているのが確実で，その所在がURL（アドレス）や二次元コードで示されている場合，検索を行う必要はないのである。例えば検索技術を教えることが難しい小学生以下の子どもには，教員側がアドレスや二次元コードを示すことで必要な情報にアクセスさせることは，検索の困難さをスキップする有効な方法である。もちろん小学生段階でも検索という行為は可能であるが，ウェブ上で示される検索結果の大半はおとな向けの情報であり，小学生には読みこなせないことが多い。その場合には第Ⅵ章で紹介した，子ども向けのポータルサイトなどを経由して，検索をさせるのではなく，あらかじめ列挙された情報源の中から選ばせるなどの配慮が必要となる。高校生であっても，本格的にサーチエンジンを使い始めて間がない場合には，短時間の検索であってもおとなが想像しえないような隘路（あいろ）に入り込むことがあるため（注1），児童生徒に個人課題として安易に検索をさせることは，時間を消費するばかりで益のないことが多いのである。

さて，それでは検索が必要な場合というのはどのような場合なのだろうか。まず，探索する側に，課題解決のために情報を必要とする状況があり，かつ，求める情報が存在するか否か不明なときに，検索という行為が必要となるのである。次節でその仕組みを見ていこう。

（2）サーチエンジンの仕組みと論理演算

①サーチエンジン

インターネット上の情報源を検索するためには，検索に特化したアプリ（ケーションソフト）が必要となる。それがサーチエンジンである。1990年代以前のインターネット普及の初期から今日まで，数多くのサーチエンジンが存在してきたが，商業的な淘汰を経て，今日ではGoogleや Yahoo！が代表的なサーチエンジンとなっている。各サーチエンジンの検索能力や仕組みには大きな差はないため，いずれか片方を用いて検索方法の指導をすればよいが，高校生以上の場合には複数のサーチエンジンを使用させて，使い勝手やインタフェースの違いなどを意識させ，各サーチエンジンの特性を批判的に見比べることも良い学習体験になる。図表８－１はサーチエンジンの仕組みを示したものである。

図表８－１　サーチエンジンの仕組み

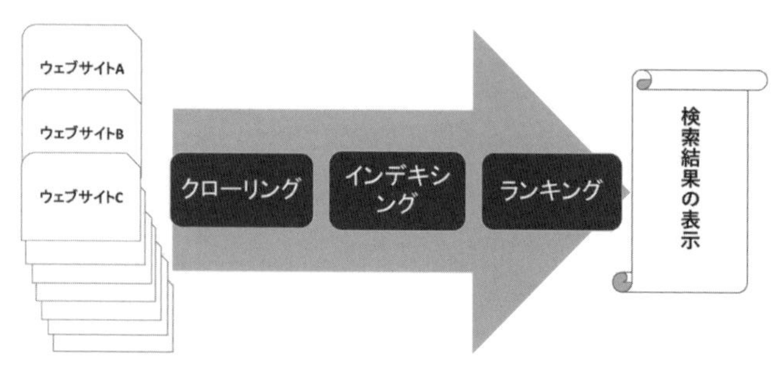

②論理演算

2015年5月5日，Googleは公式ブログ「Inside AdWords」にて，米国と日本を含む10か国において，スマートフォンからのGoogle検索数が，ついにパソコン検索数を抜かしたことを正式に発表した(注2)。

画面の小さいスマートフォン上の検索では，検索１回あたり１つのキーワードを入れることが圧倒的に多いことが推測される。日常生活の中の瞬時の検索では，その検索によって求める結果が得られずとも，それ以上深い探索を求めない程度の，軽い情報ニーズが多いだろう。

しかしながら，学習における情報検索は，与えられた学習課題に直結した，より切実で複雑な情報ニーズを持つことが前提となっている。そのような情報ニーズを満たすためには，基本的な検索の知識と技術を習得する必要がある。

とくに高等学校以上の教育課程では，学習内容の高度化とともに，アクティブ・ラーニングや探究型の学習を志向するこれからの日本の教育には，検索は必須の技能である。必要な情報に確実にアクセスでき，自らの課題のために効率的に情報を取捨選択できることが，学習の成果に大きく影響するためである。

１つのキーワードだけでは不十分な検索結果しか得られない場合，複数のキーワードや記号を組み合わせて言葉による計算を行うことを論理演算という。用いられる頻度の多い論理演算には以下がある。英国の数学者ブール（Boole）が考案した方法であるが，今日の多くの検索システムの基盤となっている。

（ｉ）論理積（AND 演算）

二つ以上のキーワードを組み合わせて，その両方を含む内容の情報を探索する方法である。計算式にすると以下のように表すことができる。

問い：ペットの健康問題について調べたい

演算：ペット　AND　健康問題

多くのサーチエンジンでは，検索窓と呼ばれる入力欄に，二つのキーワードをスペース（空白）１字分でつなぐことでこのAND検索を可能としている。

また，１つのキーワード入力で得た結果に対して，キーワードを追加してさらに検索することを「絞り込み検索」と呼ぶが，この絞り込み検索も，AND検索をしていることになる。AND演算を使うと１回で検索ができるが，絞り込み検索では２回に分けて演算を行っているだけの違いである。

今日のサーチエンジンでは，１つのキーワードに対して，数百万単位の結果件数が表示されるため，より自らの関心に近い結果に近づけるために，AND 検索は非常に有効である。

（ii）論理和（OR 演算）

前述の論理積とは方向性が真逆の演算である。二つ以上のキーワードのいずれかが含まれている検索結果を導き出す演算である。ただでさえ検索結果件数の膨大なウェブ検索では，その結果をさらに増やすことになるため，あまり使用機会はない演算である。ただしデータ数が限られた専門データベースなどでは，本来表示されるべき情報をとりこぼす「検索もれ」を防ぐためには有効に使用されることがある。

（iii）論理差（NOT 演算）

ある特定のキーワードを検索結果から除きたいときに使用する演算である。

図表８－２　AND・OR・NOT 演算の考え方（ベン図）

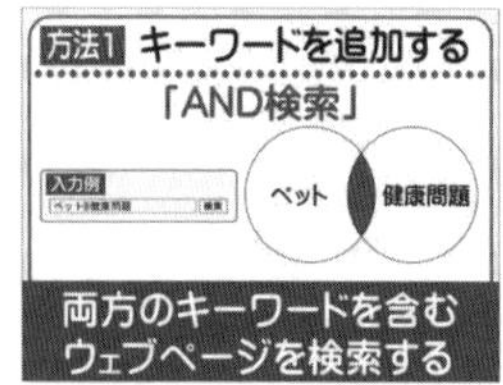

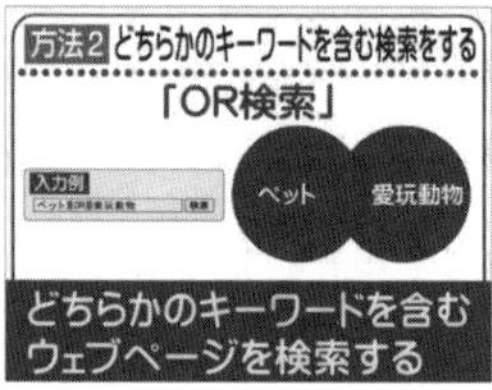

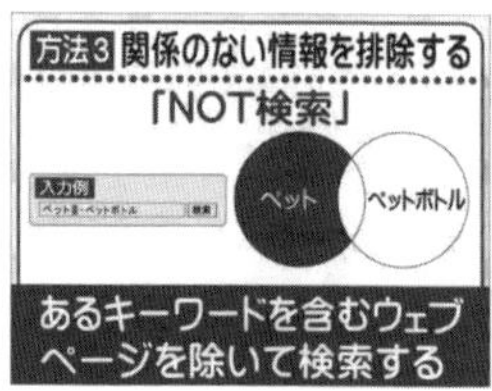

出典：河西由美子・堀田龍也監修『図書館利用指導用提示ソフト「まかせて！学校図書館」中学校・高等学校 第１巻』「第２章　インターネットで検索しよう」スズキ教育ソフト　2018 年

これらの論理演算の仕組みを知っておくことは，より複雑な検索技術を学ぶ上での基盤となることから，学校図書館で指導・支援にあたる立場の教職員は知識としてだけではなく，実際の検索においても習熟することが望ましい。

3　図書館蔵書検索システム（OPAC）の活用と導入

前節で述べた論理演算の習得は，例えば図書館で多用する OPAC（Online Public Access Catalog：オンライン可読目録）における多項目の詳細検索につながるという点で非常に重要である。

図表８－３は，蔵書検索の詳細画面の例である。

書名や著者名だけではなく，出版年や価格，ISBN などの複数の項目にキーワードやデータを入力して検索することが可能となるが，この際に複数項目に入力することは，AND 検索にあたる。多くの OPAC では，論理演算の種類を選択できる設定が設けられているため，項目間の検索は，AND だけではなく，ORやNOTの演算を用いて，検索結果を拡げたり，特定の内容を除外することも可能である。

OPACでは，主として図書資料を探すための項目（タイトル，著者名など）に限定されているため，複数の項目を入力する検索にも慣れやすいと考えられる。

実はGoogleをはじめとしたサーチエンジンにも，詳細検索の設定が設けられている。

Googleで「検索オプション」と検索すると，多項目の検索画面が表示される。一般的な検索者にもわかりやすいように，

すべてのキーワードを含む→AND検索
いずれかのキーワードを含む→OR検索
含めないキーワード→NOT検索

という表現で，論理演算が説明されている。この検索オプションが便利なのは，画面下部では，言語やファイル形式，更新日などでの絞り込み検索の項目が設定されていることである。

論理演算の仕組みをマスターすることで，キーワード１つだけのスマートフォン上の検索を卒業し，もう一段上の検索の世界に旅立つことが可能になる。学校図書館での日々の検索作業においてきめ細かい検索技術指導・支援が望まれるゆえんである。

図表８－３　蔵書検索画面の例

出典：河西由美子・堀田龍也監修『図書館利用指導用提示ソフト「まかせて！学校図書館」中学校・高等学校 第１巻』「第２章　インターネットで検索しよう」スズキ教育ソフト　2018年

4　オンラインデータベースの活用

学校図書館や公共図書館でのOPAC検索に習熟した学習者，論理演算や項目間検索に慣れた学習者は，その知識と技能を応用して，書誌情報以外の専門的なデータを検索することが可能となる。以下，高校生でも使用機会のありそうないくつかの分野のデータベースを紹介しておく。専門分野により検索事項が異なることに着目させることが情報検索技能指導の一つのポイントである。

・国文学研究資料館　日本古典籍総合目録データベース
https://base1.nijl.ac.jp/infolib/meta_pub/G0001401KTG
・国立天文台編　理科年表プレミアム（会員のみ）
https://www.rikanenpyo.jp/member/sousa/zenbun.html
・昭和音楽大学　オペラ研究所　オペラ情報センター
https://opera.tosei-showa-music.ac.jp/search/Search/Advanced
・国際日本文化研究センター　怪異・妖怪伝承データベース

http://www.nichibun.ac.jp/YoukaiDB/search.html

上記で紹介したデータベースには簡易検索画面を持つものもあるが，発展的学習として複数項目検索が可能なメニューを使って検索させることも検索技能向上のために良い活動である。高等学校レベルでの探究型学習では，生徒が自力でどこまで情報収集ができるかが，問いの設定から問題解決にいたる探究の全プロセスにわたって，その成果を左右する。検索の知識と技能は，日々の学校図書館活用の中で児童生徒に継続的に身につけて欲しい技能の１つであることから，司書教諭自身が，検索の知識と技能をマスターしておく必要性は非常に高いといえよう。

図書館情報学分野における情報検索を基盤とした民間機関の資格に，情報科学技術協会による「検索技術者検定」がある(注３)。１級から３級まであり，３級は，図書館司書資格科目である情報サービス演習や，情報検索系の科目を学んだ大学生であれば合格できるレベルであるので，自身の検索能力の確認や自己研鑽のために挑戦してみることをお薦めしたい。過去問題はウェブサイトに公開されており，各級に応じたテキストも出版されている。

（河西由美子）

〈注〉

（注１）河西由美子「初等中等教育における情報リテラシーの育成に関する研究」東京大学博士論文　2008年

（注２）発表当時は「Inside AdWords」に掲載されるも，現在はリンク先が変更されており過去記事のアーカイブは未確認である。このニュースは当時大きな話題となったため，たとえば以下のような日本のサイトからも確認することができる。SEOパック「SEOパックのブログ」2015年５月８日（https://seopack.jp/seoblog/20150508comscore/［2021年２月１日現在参照可］）

（注３）情報科学技術協会「検索技術者検定」（https://g.excited.im/advanced_search?hl=ja&fg=1［2021年２月１日現在参照可］）

第IX章　児童生徒の情報行動の実態と指導

1　児童生徒の情報行動

(1) 子どもの情報行動に関する研究

2000年代以降，デジタル社会の進展にともない，成人だけではなく，情報メディアの子どもへの影響についての関心が惹起され，国内外を問わず，子どものメディア接触や行動に関する多くの研究や調査がなされるようになった。

本項では2000年代以降の日本の子どもとメディアに関する研究をいくつか紹介しながら，今日の子どもの情報環境および情報行動について概観する。

2004年に教育関連企業のベネッセによる「平成17年度総務省委託調査『ICTメディアに係る子どもの利用実態及び利用環境等に関する国内外調査研究』報告書」(注1)が刊行された。質問紙調査とヒアリング調査，保護者へのウェブアンケートにより小・中学生の携帯電話所持率や，パソコン利用の実態とその問題点などが明らかにされた。この調査によれば，中学生のパソコンの利用目的の大半はインターネットでの情報検索であり，小学校中学年まではゲームでの利用，それ以降もゲームに「はまる」一部の子ども以外は，情報検索に移行していくことが述べられている。

翌2005年にはNTTドコモのモバイル社会研究所による調査で，下田博次による「中高生の携帯インターネット利用実態調査と利用問題解決に向けた提言」(注2)が出された。この調査は全国の中学生14,000人と保護者と教員2,000人を対象としている。同調査については遊橋裕泰による「中高生及び保護者等の携帯電話利用実態調査レポート」(注3)も公開されており，集計データを閲覧することができる。それによれば，携帯電話利用目的の多くはｅメールであり，携帯からのインターネット利用，いわゆるウェブアクセスについては，中学校の15％および高校生の30％に「まったく利用しない」層が存在し，利用者の80％以上が一日あたり30分未満の利用にとどまっている。この時期はまだ，携帯電話からのウェブ利用は限定的なものであることが示されている。

日本PTA全国協議会では，2004（平成16）年の「家庭教育におけるテレビメディア調査　青少年とインターネット等に関する調査　調査結果報告書」(注4)から，2006（平成18）年の「子どもとメディアに関する意識調査　調査結果報告書」(注5)にいたるまで毎年子どものインターネット利用に関する調査を行っている。内容的にはインターネット利用の目的が年齢が上がるにしたがって情報検索に移行するというベネッセ調査の利用傾向を裏づける結果となっている。

内閣府が2006（平成18）年度に実施した「第５回情報化社会と青少年に関する意識調査」(注6)は，10歳から29歳までの青少年を対象にしたものではあるが，集計は，小・中・高校生ごとになされており，１日あたりの情報メディア活用の傾向がわかる。テレビの視聴時間がいずれの層も１日２時間半から３時間弱に及んでいる。さらに携帯電話からのインターネット利用が，前述のドコモ調査よりもはるかに多く，高校生女子で約２時間，高校生男子で約１時間半と長時間に及んでいる。同調査内で行われている2001（平成13）年度調査との経年変化については，ウェブアクセス，メール利用ともに増加しているのとは対照的に，新聞閲読，ニュース視聴については，全く読まない・見ない層の増加とともに，長時間利用する人が増えているという格差傾向が浮き彫りとなった。

青少年のインターネット利用に関しては，内閣府が2009（平成21）年から例年「青少年のインターネット利用環境実態調査」(注7)を実施しており，2020（令和２）年調査では小中高校生平均で93.2％がインターネットを利用しており，63.3％が使用端末としてスマートフォンを利用していることがわかる。高校生のみに限ると，インターネット利用率は，99.1％であり，ほぼ全数に近い。

その一方で「パソコン」の利用率は下がっており，日常的なコミュニケーションや娯楽の手段としてインターネットやスマートフォンが高校生の生活に浸透していることが明らかになっている。

なお日本において，2000年代までの子どもの情報行動について，図書館情報学・教育工学・教育学・心理学・社会学の各分野の先行研究・事例の調査･整理を行い，子どもの情報環境を巡る論点をまとめた報告書に，2007（平成19）年度の国立国会図書館「図書館及び図書館情報学に関する調査研究」の成果報告書「子どもの情報行動に関する調査研究」がある[注8]。刊行から10年以上経過しているが，類似の後発調査がないことから紹介しておく。

（2）幼児期から児童期のメディア接触

一方，幼児期から児童期のメディアリテラシー教育について発達心理学の見地から研究を行っている駒谷真美[注9]は，2000年代に入り，子どもを取り巻くメディア環境に質的・量的な変化が生じている点を指摘している。NHK放送文化研究所の「幼児生活時間調査」(2003)[注10]によれば，幼児の３人に２人は０歳からテレビ視聴を開始しており，メディア接触の早期化が指摘されている。

ベネッセは2013年と2018年の二度にわたり「乳幼児の親子のメディア活用調査」[注11, 12]を実施している。同レポートでは，2013年の調査からの４年間で，スマートフォンとタブレット端末の保有度が，スマートフォンは60.5%から92.4%と激増し，テレビ保有率の98.3%に迫る数値を示したことがわかる。

テレビジョン調査の時代から，小児科医の団体等により，長時間の子ども単独でのメディア利用への懸念は叫ばれており，昨今では，保護者がスマートフォンを安易に乳幼児に使用させることで，視力不安定な乳幼児への悪影響を懸念する声も，小児医学界などからあがっている[注13]。

学校図書館におけるメディア活用は，学童期以上が対象ではあるが，前述のとおり過去５年間において乳幼児のメディア接触が増加し，接触開始時期が低年齢化していることに鑑み，そうした育成期を経た子どもが学校教育に参加してくることについては，教員・学校全体が意識を新たに日々の教育・学習活動に取り組む必要があるだろう。

2　モバイル端末の利用実態と指導上の課題

（1）児童生徒のモバイル端末の利用実態

2020（令和2）年4月，内閣府による「令和元年度青少年のインターネット利用環境実態調査（PDF版）」が発表された。この調査は，2009（平成21）年度から例年実施されており，経年変化を捉えることができる。

児童生徒のインターネット利用に関しては前述のため，ここではとくにモバイル端末，主としてスマートフォンに関するデータについて解説しておきたい。

前述の調査では「参考資料」として，2014（平成26）年度から2018（平成30）年度にかけての「青少年のインターネット利用率の経年比較」が示されているが[注14]，高校生のインターネット利用率は，最新の2年間で99％に達し，ほぼ高止まりしており，スマートフォンの利用率は，それを2％下回る程度で，ほぼすべての高校生が，スマートフォンを経由してインターネットを利用していることがわかる。

この傾向は，小学生・中学生ともに共通しており，最新の2年間では，インターネット利用率が小学生でも85％以上，中学生95％以上となっている。ただしスマートフォン所有率は高校生ほどは高くなく，小学生はいまだ50％未満，中学生は70％を上回った程度である。

タブレット端末については，小学生・中学生の利用率が，それぞれ，41％，35.9％と，高校生の24％（2019年度）を上回っており，スマートフォンを持たない小学生・中学生は，その分タブレット端末など他のモバイル端末を使用していることがわかる。

（2）モバイル端末利用にともなう指導上の課題

①相対的なパソコン利用率の低下

前項で述べたとおり，スマートフォンやタブレット端末の利用率がすべての校種において伸びているのに反して，相対的にパソコンの利用率は低下している。32.8％から22％と，全体平均で過去6年間に10ポイント余りも下落している。多くの児童生徒は，インターネットを使っている意識すらなく，便利なモバイル端末上で情報を利用していると考えられる。

当然ながら，小さい画面上での操作では，複雑な情報処理を行うことはできないため，日常生活の断片的な情報処理に限定される。小学校から体系的な情報教育を受け，高等学校では教科「情報」があるにもかかわらず，近年大学の新入生には，タッチタイピングが充分にできない学生がむしろ増加している印象がある。スマートフォンの使い手が増えたことは，必ずしもコンピュータの使い手を増やすことにはなっておらず，逆の現象が起こり始めている。また，スマートフォンやタブレット端末上では，ユーザーフレンドリーなアプリがあまた存在するため，一つひとつの情報処理について深く考える機会は，日常生活の中ではほとんど無いと考えられる。

新しい学習指導要領には，小学校段階からのプログラミング教育が導入されているが，コンピュータ上で情報が処理される仕組みや，スマートフォン利用だけでは意識しにくい情報科学的な発想や思考法など，便利なモバイル端末が身近にあるだけに，より意識的に低年齢から学んでいくことが重要と考えられる。

②モバイル端末とネットワーキング

携帯電話やスマートフォンが子どもたちの生活に入り込んできた過去20年ほどの間に，「ネットいじめ」などの，ネット上のコミュニケーションの問題が児童生徒の日常生活に大きな影響を与えるようになってきている。

モバイル社会研究所の「モバイル社会白書2020年版」第5章「子どものICT利用」(注15)は小学生・中学生のSNS利用の実態を明らかにしている。

図表９－１　LINEの利用頻度［学年別］（単一回答）

■毎日２時間より多い　■毎日１時間くらい　■毎日30分くらい　□１日１回より少ない　□していない

0%　20%　40%　60%　80%　100%

学年	地域	割合（%、左から順）
小1～小3	北海道・東北(n=30)	10 / 90
	関東(n=102)	2 / 14 / 84
	中部・東海(n=64)	8 / 92
	近畿(n=54)	11 / 89
	中国・四国・九州(n=67)	13 / 87
小4～小6	北海道・東北(n=32)	3 / 6 / 16 / 75
	関東(n=105)	2 / 3 / 11 / 20 / 64
	中部・東海(n=65)	2 / 9 / 20 / 69
	近畿(n=55)	7 / 11 / 31 / 51
	中国・四国・九州(n=68)	1 / 3 / 16 / 79
中1～中3	北海道・東北(n=38)	18 / 5 / 26 / 18 / 32
	関東(n=110)	11 / 22 / 40 / 15 / 13
	中部・東海(n=69)	6 / 20 / 29 / 19 / 26
	近畿(n=61)	16 / 20 / 31 / 18 / 15
	中国・四国・九州(n=73)	8 / 14 / 33 / 12 / 33

注：小中学生自身が回答。サンプルサイズ50以下は参考値
出典：小中学生ICT利用調査2019(訪問留置)

出典：「モバイル社会白書 2020 年版」https://www.moba-ken.jp/whitepaper/19_chap4.html#a02

図表９－２　YouTubeの利用頻度［学年別］

■毎日２時間より多い　■毎日１時間くらい　■毎日30分くらい　□１日１回より少ない　□していない

0%　10%　20%　30%　40%　50%　60%　70%　80%　90%　100%

学年	地域	割合（%、左から順）
小1～小3	北海道・東北(n=30)	17 / 20 / 17 / 20 / 27
	関東(n=104)	11 / 24 / 11 / 24 / 31
	中部・東海(n=63)	13 / 13 / 10 / 21 / 44
	近畿(n=54)	6 / 31 / 15 / 24 / 24
	中国・四国・九州(n=68)	13 / 9 / 12 / 28 / 38
小4～小6	北海道・東北(n=32)	16 / 13 / 9 / 28 / 34
	関東(n=104)	15 / 21 / 20 / 23 / 20
	中部・東海(n=65)	17 / 15 / 11 / 31 / 26
	近畿(n=55)	18 / 25 / 18 / 18 / 20
	中国・四国・九州(n=68)	16 / 15 / 15 / 25 / 29
中1～中3	北海道・東北(n=38)	21 / 26 / 13 / 16 / 24
	関東(n=110)	24 / 31 / 22 / 10 / 14
	中部・東海(n=70)	24 / 29 / 14 / 19 / 14
	近畿(n=61)	25 / 31 / 11 / 21 / 11
	中国・四国・九州(n=74)	18 / 22 / 19 / 19 / 23

注：小中学生自身が回答。サンプルサイズ50以下は参考値。
出典：小中学生ICT利用調査2019(訪問留置)

出典：「モバイル社会白書 2020 年版」https://www.moba-ken.jp/whitepaper/19_chap4.html#a02

中学生になると一気にLINEの利用が増え，毎日LINEをする子どもは関東・近畿で約7割，その他の地域でも5割に達している。

同じSNSでも，ツイッターやインスタグラムの利用率の伸びは，LINEに比べると鈍化しているように見える。不特定多数に対する発信よりも，個人的なメッセージのやりとりができるLINEの方が身近なのであろう。

また，YouTubeに代表される動画サイトは，子どもたちに圧倒的に支持されていることがわかる。

これらの情報メディア利用に関する調査には，子どもと同時に保護者にも同時に調査を行っているものも多く，保護者が子どもにモバイル端末を持たせる動機や，有害情報から子どもを守るためのフィルタリングについても調査を行っている。親や学校にとって悩ましいのは，児童生徒個々人が家庭や学校外の世界で，どのようにネットワーキングをしているのかが全く見えない点である。「リアル」な家庭や学校での生活の背後に，目に見えないネットワーキングの影響を慮る必要が生じてきたのである。

調査結果からは，子どもたちは必ずしも楽しみや友だち付き合いのためだけにネットを利用しているわけではないことがわかる。

③学習のためのインターネット利用

図表9－3では，小学校高学年から徐々に，学校や塾での課題のために，インターネットが使われ始めていることがわかる。中学生になると約2割の生徒が，学習課題解決のためにインターネットを活用している。

小学校高学年からインターネット利用が増える1つの要因としては，読みの発達が考えられる。中学生レベルの漢字の読み書きに習熟すると，おとな向けに書かれたインターネット上の情報が読みこなせるようになり，検索によって得られる情報世界は飛躍的に大きくなる。

単純なリテラシーだけではなく，この頃から抽象概念の理解が進むことも，インターネット利用が増える要因ではないかと筆者は考える。

発達心理学の研究によれば，同じテキストを読んでも，読みの発達段階によって，その主題を抽象化して理解したり表現する能力は大きく異なる。秋田喜代美の研究からは[注16]，「泣いたあかおに」[注17]という物語を読ませた

図表9－3　学校や塾の宿題について，インターネットで調べたり
動画を見る頻度［地域・学年別］

■毎日2時間より多い ■毎日1時間くらい ■毎日30分くらい □1日1回より少ない □していない

0% 20% 40% 60% 80% 100%

小1～小3
北海道・東北(n=30) 3 13 83
関東(n=103) 1 2 17 80
中部・東海(n=64) 2 9 89
近畿(n=54) 2 15 83
中国・四国・九州(n=68) 1 12 87

小4～小6
北海道・東北(n=32) 3 25 72
関東(n=104) 1 4 44 51
中部・東海(n=65) 3 34 63
近畿(n=55) 7 36 56
中国・四国・九州(n=67) 1 1 25 72

中1～中3
北海道・東北(n=38) 5 11 8 39 37
関東(n=110) 5 25 47 23
中部・東海(n=70) 1 3 13 49 34
近畿(n=61) 3 21 39 36
中国・四国・九州(n=73) 3 3 10 34 51

注：小中学生自身が回答。サンプルサイズ50以下は参考値。
出典：小中学生ICT利用調査2019(訪問留置)

出典：「モバイル社会白書 2020 年版」https://www.moba-ken.jp/whitepaper/19_chap4.html#a02

ときに，「友情」や「自己犠牲」といった主題を抽象化して回答できる割合が増え始めるのは小学校高学年以上であることがわかっている。小学校中学年までは，抽象概念の理解は困難なのである。秋田の研究では，数値的にも小学校中学年と高学年の間には明らかな差が存在することがわかっている。情報検索では，自らの情報ニーズをキーワードに置き換えてインプットする作業が生じる。思考を抽象化したことばに置き換えることがある程度可能になるのが，小学校高学年以降ということなのであろう。

司書教諭は，読書指導において，児童生徒の読みの発達について身近で仔細に観察する機会に恵まれている。読解力の向上には一定の時間を要するために，日頃の読書指導は，いわば体力づくりにも似ており，読書の習慣化，継続的な読みのトレーニングが，情報検索能力の下地つくりとなることを念頭において指導して欲しい。

3　情報モラル教育

（1）情報モラルとは何か

情報に関する倫理とは一体何を意味するのだろうか。それは必ずしもコンピュータのみの問題ではない。既存の新聞やテレビなどのマスメディア，また今日ではインターネット上に送信され公開される各種の情報のやりとりやその表現において，多くのモラルが問われ，問題が生じている。

第Ⅷ章において，検索が，かつては情報を扱う専門家だけに近しい行為であったと述べたように，情報モラルもまた，かつてはマスコミや情報技術者だけが配慮すればよい問題であった。しかしながらコンピュータやネットワーク利用の機会が一般社会に広く存在する今日では，情報モラルは，情報社会の市民として持つべき行動規範であり，同時に情報の消費者たる自身を守ってくれる消費者教育の一面さえ見られるようになっている。

セヴァーソン（R. J. Severson）は，情報倫理には以下の４つの原則があるとしている[注18]。

①知的所有権の尊重
②プライバシーの尊重
③公正な情報提示
④他者に危害を与えないこと

日本の情報教育のカリキュラムにおいても，情報モラルはその初期から大きな柱の１つとなっており，高等学校に教科「情報」が設置された当初の学習指導要領においても，「情報社会に参画する態度」として，情報社会における個人の情報モラルの問題が重要視されていた。その後の学習指導要領の改訂を経て現在もなお情報モラルは情報教育の大きな柱の１つであることに変わりはない。むしろスマートフォンの普及により，だれでも手軽に情報発信ができてしまう今日，情報モラル教育はますます必要性と重要性を増している。

（2）学校図書館における情報モラル教育

情報教育で取り扱う情報モラル教育は，上記セヴァーソンの原則によれば，「④他者に危害を与えないこと」に比重が置かれているように思われる。情報消費者としての自分を守る，という観点からは，「②プライバシーの尊重」の部分も大きいだろう。ネット上の犯罪から自分を守り，かつ他者をも傷つけないようにする，ネット市民として正しく振る舞う，ということが期待されている。

学校図書館における情報モラル教育の重点は，「①知的所有権の尊重」と「③公正な情報提示」にあると言えるだろう。図書館は，第三者の著作物を公的な目的のために無償で提供するという使命を持つ機関であることから，日本の図書館司書養成では，知的所有権，ことに著作権の遵守について必ず学ぶことになっている。学校司書が図書館司書の有資格者であれば，学校の中で最も著作権に対する知識があるスタッフの一人である可能性が高い。

著作権法は，著作者の権利を守るための法律であるが，教育のために著作権法の適用除外が設けられている。教育・学習活動における資料の複写などがそれであり，教授者のみならず学習者にも資料複写が認められている。

情報モラル教育においては，他者の作品のオリジナリティの尊重（意図して表現を真似てはいけない等）などは小学校低学年からでも指導することが可能である。文化庁のウェブサイトでは，児童生徒向けの教材や，成人向けのやさしい解説など多くのコンテンツが提供されている[注19]ので，学校図書館の利用指導の１つの要素として学年ごとに年１回は著作権についての指導時間を設けることが望ましい。

「③公正な情報提示」は，自分が収集したり取材した情報を，正しく引用する，ということから実現することができる。

探究型の学習では，ある一定の期間，継続して何かを調べるプロセスが存在するが，最終的にはレポートやプレゼンテーションなどの形でしめくくることが多い。長期にわたって収集した膨大な情報をどう公正に表現するかというのは，きわめて重要な課題であるが，そのためのトレーニングが必ずしも既存の教科内で充分に行われているとはいえない。

筆者が監修したデジタル教材「まかせて！学校図書館」(注20)では，図書館を活用した学習を記録する方法として，小学生でも活用できる３種類のワークシートを作成し添付することとした。ネーミングを段階ごとに「そのままカード」「まとめるカード」「おもったカード」とした(注21)。

「そのままカード」は,例えば,自分で立てた問い「クジラは何を食べるか」について,本に書かれていた情報を,一字一句そのままに写しとるためのカードである。これは最終的にレポートにまとめるときにはメモした内容はそのまま「　」に囲んで「引用」される。最初から自分のことばに置き換えてしまうと「要約」となり，原著の内容とは異なることばになってしまう。これでは「公正な情報提示」にはならないのである。

こうした「引用」の作法は，探究型の学習が本格化する高校生以上になって初めて教えられることが多いが，前述の「そのままカード」などの仕組みを使えば小学生から身につけることができるスキルなのである。「公正な情報提示」は実は「著作権の尊重―知的所有権の尊重」と表裏一体である。学校図書館では，ぜひ日々の図書館利用の中で，情報モラルを育む意識づけを行って欲しいと考える。

（河西由美子）

〈注〉

（注１）ベネッセ『平成17年度総務省委託調査「ICTメディアに係る子どもの利用実態及び利用環境等に関する国内外調査研究」報告書』2004年

（注２）下田博次『中高生の携帯インターネット利用実態調査と利用問題解決に向けた提言』NTTドコモモバイル社会研究所　2005年

（注３）遊橋裕泰『中高生及び保護者等の携帯電話利用実態調査レポート』NTTドコモモバイル社会研究所　2006年

（注４）日本PTA全国協議会『家庭教育におけるテレビメディア調査　青少年とインターネット等に関する調査　調査結果報告書』2004年

（注５）日本PTA全国協議会『子どもとメディアに関する意識調査　調査結果報告書』2006年
（注６）内閣府『第５回情報化社会と青少年に関する意識調査』2006年
（注７）内閣府『青少年のインターネット利用環境実態調査』2009年～2020年（最新版）（https://www8.cao.go.jp/youth/youth-harm/chousa/net-jittai_list.html［2021年２月１日現在参照可］）
（注８）国立国会図書館『平成19年度「図書館及び図書館情報学に関する調査研究」成果報告書「子どもの情報行動に関する調査研究」』（図書館調査研究リポート）（http://warp.da.ndl.go.jp/info:ndljp/pid/287276/current.ndl.go.jp/files/report/no10/lis_rr_10.pdf［2021年２月１日現在参照可］）
（注９）駒谷真美『幼児期から児童期におけるメディア・リテラシー教育の開発研究』お茶の水女子大学大学院博士論文　2006年
（注10）NHK放送文化研究所『幼児生活時間調査』2003年
（注11）ベネッセ『乳幼児の親子のメディア活用調査』2013年
（注12）ベネッセ『乳幼児の親子のメディア活用調査』2018年
（注13）日本小児科医会『子どもとスマホ』（https://www.jpa-web.org/information/sumaho.html［2021年２月１日現在参照可］）
（注14）注７参照。
（注15）NTTドコモモバイル社会研究所『モバイル社会白書2020年版』（https://www.moba-ken.jp/whitepaper/wp20.html［2021年２月１日現在参照可］）
（注16）秋田喜代美『読書の発達心理学 - 子どもの発達と読書環境』国土社　1998年
（注17）浜田廣介『ないたあかおに』偕成社　1981年（絵本）
（注18）Richard James Severson, "The principles of information ethics" Armonk, N.Y. : M.E. Sharpe, 1997
（注19）文化庁「著作権」（https://www.bunka.go.jp/seisaku/chosakuken/［2021年２月１日現在参照可］）
（注20）河西由美子・堀田龍也監修『図書館利用指導用提示ソフト　まかせて！学校図書館シリーズ』スズキ教育ソフト
（注21）第Ⅶ章第２節参照。

第X章　情報メディアの活用事例（小学校）

1　学校図書館の機能と役割

現在学校図書館は，学習センター，情報センター，読書センターとしての機能をもつ場として整備され，活用されている(注1)。

例えば，情報収集の方法を，地域に出て調査をする「フィールドワーク」，実験観察をする「ラボラトリーワーク」，知識の宝庫である図書館を使った「ライブラリーワーク」の３つに分類した時，学習センター，情報センターとしての機能が整備された学校図書館では，「ライブラリーワーク」を，学校内で行うことが可能になる。

「ライブラリーワーク」には，図書館に整備された「百科事典や図鑑などの図書」「新聞や雑誌」「パンフレットなどのファイル資料」など（総称して印刷メディア）や，「DVD などの視聴覚メディア」を使って調べることが含まれる。インターネットの普及により，子どもは，多様な情報を多様な「通信型メディア」を通して，いつでもどこでも収集できる環境で生活している。そのため，「ライブラリーワーク」をするときには，目的に応じて「印刷メディア」「視聴覚メディア」「通信型メディア」(注2)を選択できるような環境を整えている学校も増えてきた。

しかしながら，環境が整ったからといって，情報メディアを活用できるとは限らない。例えば理科の時間で葉にある気孔の観察をするときに，顕微鏡の使い方も合わせて学ぶというように，「ライブラリーワーク」においても，情報メディアの活用方法は，問いを解決する授業の中で学ぶことが効果的である。そのため学校図書館では，図鑑を整備すると同時に，目次・索引の使い方を学ぶというように，「環境整備」と「学び方」を合わせて考えることが，司書教諭や学校司書には必要になる。

なお，本書では，情報活用能力（情報リテラシー）と表記しているが，本章では，図書館分野の専門用語としての情報リテラシーという用語を使用する。情報活用能力と情報リテラシーの定義等については，第Ⅱ章を参照していただきたい。

2　小学校における体系的な情報リテラシーの育成

（1）今日的な学習課題と教科横断型の学び

①今日的な課題や学び方の「見える化」

小学校の６年間，子どもは次から次へと新しい概念に出合う。例えば，２年生算数の「かけ算」，６年生社会の「日本の歴史」などに出合った記憶は，おとなになってからも残っているのではないだろうか。一見新しく見える内容も，「たし算」から「かけ算」へ，「身の周りの人々の昔の暮らし」から「日本の歴史」へというように，実は教科内で系統立てられている。しかし，系統をイメージしにくい学習内容もある。

１つは，「環境教育」「食育」「情報教育」「図書館教育」など，現代を生きていく上で必要な「今日的な課題」である。これらには教科書がない。どの学年，どの教科等，どの単元で扱う内容かなども，教員に示されているとは限らない。加えて，例えば「図書館教育」という用語から受けるイメージは，「読書をした」「本で調べた」「本やタブレット端末を使って調べた」というように，教員の経験による差異が大きく出る。「今日的な課題」をテーマとして扱うためには，教科や総合的な学習の時間をつなげたり，単元と単元を関係づけたり，日常生活から問いを見出したりするなど，教員に総合的な視点が必要になる。

もう１つは，「学び方」である。小学生の子どもに「考えてごらん」と教員が指示を出してもどのように考えたらいいのかわからないだろう。比べて考える（比較），仲間分けして考える（分類），つなげて考える（関係づけ）など，いくつかの考え方を知り，繰り返し使うことを通してはじめて，「考えてごらん」の教員の指示に対して，子どもは自分で適切な方法を選ぶことができるようになる。このような「学び方」は，学習指導要領（2017年告示）において，国語の「知識及び技能」に示されている。3・4年生の国語「知識及び技能」の中には「比較や分類の仕方，必要な語句などの書き留め方，引用の仕方や出典の示し方，辞書や事典の使い方を理解し，使うこと」，5・6年生では「情報と情報との関係付けの仕方，図などによる語句と語句の表し方を理解し，使うこと」という表記がある（注3）。このような項目が，国語の知識および技能として位置づけられているこということは，国語で学んだことを各教科等で使うことを意味している。ところが，国語で学んだことを，各教科等のどういう場面で使ったらいいのかは見えない。また，国語で学んだことを各教科等で使おうと教員が思わなければ，国語で学んだことはその時点のみの学びに終始してしまう。このときに教科等横断的な視点が教員には必要になる。

このように，「今日的な課題」や「学び方」については，教科等横断的，総合的に渡っている場合が多いため，教科のような系統が見えにくい。学んだことが点の積み重ねで終わるのではなく，線としてつなげていこうとする視点が必要になる。

②情報リテラシーの育成と体系表

本項で扱う情報リテラシーについても，「今日的な課題」や「学び方」と同様のことが言える。情報リテラシーということばから受けるイメージが人により異なる上に系統が見えにくいことから，必要であることはわかっていたとしても授業において取り上げにくいという課題がある。その解決策の1つとして使われているのが情報リテラシーの系統を「見える化」した体系表である。

例えば，「情報資源を活用する学びの指導体系表」は，全国の学校図書館関係者の授業づくりのモデルになることを意識して作成されている（注4）。体系表の縦軸は「発達段階」を小学校から高等学校までを5段階，横軸は「情報資源を活用するときの学び」という視点で4観点に分類している。4観点とは，「課題の設定」「メディアの利用」「情報の活用」「まとめと情報発信」

である。「情報の活用」の観点を発達段階ごとに見ていくと，小学校低学年では「情報を集める」と「記録の取り方を知る」の項目が示されている。さらに「記録の取り方を知る」には，標準的な指導内容として「カードやワークシートに書き抜く」「タブレットやデジタルカメラで写真を撮る」「日付や資料の題名・著書名を記録する」の３点をあげている。

次項からは，体系表を利用し，情報リテラシーの育成に取り組んでいる事例を紹介する。

（2）体系的な情報リテラシー育成の事例（愛媛県新居浜市学校図書館支援センター）

「学校図書館に関する職務分担表」（全国学校図書館協議会 2019）[注5]では，職務内容を「学校図書館の経営」「学校図書館の運営」「指導（児童生徒・教職員の活用支援）」「協力体制」「学校図書館の整備」「奉仕（利用者サービス）」の６項目に分類した上で，校長・司書教諭・学校司書・教職員の役割分担が示されている。このうちの「指導（児童生徒･教職員の活用支援）」には,「学習支援」「図書委員会」「教職員研修」の項目がある。このうち「学習支援」については，司書教諭が中心となり学校司書と教員が連携することが示されている。

愛媛県新居浜市では，教育委員会内に学校図書館支援センターがあり，担当指導主事，担当チーフ，市内の小学校に勤務する学校司書で構成されている。学校司書は,「直接的支援」「間接的支援」「教育的支援」を複数校兼務で担っている。新居浜市の学校司書は，学習支援を積極的に行っているのが特徴である。支援センター内には，学校司書用のデスクがあり，夕方になると勤務を終えた学校司書が集まってくる。一人職である学校司書は，さまざまな悩みを支援室内でチーフや先輩学校司書に相談している。支援センターには，指導主事，チーフ，学校司書のチームワークの中で学校司書が育つ仕組みがある。学校司書が「学習支援」を行える環境は，どのように作られているのだろうか。

新居浜市では，支援センターがモデルを作成し，各学校ではそれをもとに学校の実態に沿った体系表や年間計画表を作成している。新居浜市立船木小学校では，全体計画，学校図書館を活用する学び方の体系表以外に，学校図書館活用年間計画を立てている（図表 10 － 1）。この計画表を作成するのは司書教諭であり，年度当初の職員会議で提案している。

しかしながら，司書教諭が学級担任と兼任である場合，司書教諭が日々の学校図書館にかかわる授業の支援を行うことは難しい。そこで，学校司書の学習支援を可能にするために，支援センターが作成した体系表をもとに，各学校で学校図書館活用年間計画を作成するにあたり，どの学年がいつ，どういう情報メディアを活用した授業を行うのかを，司書教諭と学校司書が相談した上で作成している。計画表には，百科事典，図鑑，郷土資料，新聞，雑誌，パンフレット，行政資料など，どのメディアを活用するのかが書かれている。小学校の６年間を通して，子どもが多様なメディアに出合い，活用できるように系統立てられている。そして，教員がその単元の授業を行うときには，学校司書の学習支援の準備が整っていることも，この計画表では示されている。

例えば，４年生 11 月を見ると，「新聞や雑誌などの活用」とある。年間計画からは，国語の「資料を効果的に使って，リーフレットを作ろう」という単元のねらいに到達するために，学校図書館の新聞や雑誌の活用を意図的に取り入れているのが見てとれる。そのとき，学校司書は，新聞や雑誌を用意することに加え，読み取ったことを要約するという学習支援を行っていた。新聞雑誌を用意することと，要約に関する学び方をつなげるのは，学校司書の立場では難しい場合もある。可能とするためには，環境整備と学び方をつなげる視点が必要になる。

さらに，新居浜市の学校司書が学習支援を行うために，校長経験者である担当チーフが学校司書の教育的な支援の仕方について指導したり，先輩学校司書から学ぶ環境が整ったりしていることも特徴といえる。

このように，新居浜市の学校司書には，図書館資料の準備についてだけでなく，それに対する学習支援について日常的に話し合ったり，支援の仕方の指導を受けたりできる環境が整っている。支援センター内に机・椅子が用意されているのも，そのためである。そして，学校内では，実施が可能な年

図表10－1　学校図書館活用年間計画

	1年	2年	3年	4年	5年	6年
4月	【生】「がっこうたんけん」 （図書館の場所）	図書館利用のオリエンテーション （図書館のマナー・本の場所） 青い鳥号の利用のしかた	図書館利用のオリエンテーション （図書館のマナー・本の場所） 青い鳥号の利用のしかた	図書館利用のオリエンテーション （図書館のマナー） 漢字辞典の使い方 【国】漢字の組み立て	図書館利用のオリエンテーション （図書館のマナー） 新聞の活用 【国】「新聞を読もう」	図書館利用のオリエンテーション （図書館のマナー） 必読書を読もう
5月	図書館利用のオリエンテーション （本の場所４・７・９類、本の読み方ときまり）	図鑑の利用 【生】「やさいをそだてよう」 きいてたのしもう 【国】「いなばの白うさぎ」	国語辞典の活用 【国】「国語辞典のつかい方」	国語辞典の活用 【国】いろいろな意味をもつ言葉 図書を使って調べる 【総】「アースケア大作戦」 （情報カード）	パンフレットや行政資料の活用 【総】「米作りについて考える」 図鑑の利用 【図】「針金を使って」 【国】「生き物は円柱形」	本で調べる 【総】「平和のメッセージを発信しよう」 漢字辞典の活用 【国】「漢字の形と音・意味」
6月	青い鳥号の利用のしかた 昔話を読もう 【国】「おむすびころりん」 （本の借り方と返し方）	本（レオ・レオニ作）の紹介 【国】「スイミー」	郷土資料や図鑑の利用 【総】「わくわく池田池」 聞いて楽しもう 【国】「たのきゅう」	俳句（一茶・蕪村など）に親しむ 【国】「短歌・俳句に親しもう（一）」 戦争に関連した本を読む 【国】「一つの花」	古典に親しむ 【国】「古典の世界」 （古典の作品紹介） 必読書を読もう	読書の世界を深める 【国】「本は友達」
7月	読書に親しむ 【国】「ほんはともだち」 必読書を読もう	図鑑の利用 【生】「生きものをかおう」 読書に親しむ 【国】「ミリーのすてきなぼうし」 お話クイズをつくろう	本の並び方 【国】「本を使って調べよう」 百科辞典の活用 【国】「百科辞典のつかい方」 必読書を読もう	本の分類と並び方 【国】「本のさがし方」 必読書を読もう	読書の世界を広げる 【国】「広がる、つながる、わたしたちの読書」	必要な材料を集める 【国】「ようこそ、私たちの町へ」
9月		本の紹介 【国】「どうぶつ園のじゅうい」		漢字辞典の活用 【国】「カンジーはかせの漢字しりとり」	辞典の活用 【国】「和語・漢語・外来語	本で調べる 【総】「高齢者とふれあおう」
10月	クジラや雲に関するブックトーク 【国】「くじらぐも」	本（ローベル作）の紹介 【国】「お手紙」	戦争に関連した本を読む 【国】「ちいちゃんのかげおくり」	読んで考えたことを話し合う 【国】「ごんぎつね」 ことわざ・慣用句辞典の活用 【国】「慣用句」	言葉の使い方に関する本を読む 【国】「明日をつくるわたしたち」 動物を描いた物語を読む 【国】「大造じいさんとガン」	本の紹介 【国】「やまなし」「イーハトーブの夢」 辞典の活用 【国】「生活の中の言葉」
11月	図鑑・工作の本の利用 （目次・索引の場所） 【生】「たのしいあきいっぱい」 【国】「じどう車くらべ」	工作の本の利用 【国】「おもちゃの作り方」	本で調べる 【国】「食べ物のひみつを教えます」 （情報カードの活用）	新聞や雑誌などの活用 【国】「アップとルーズで伝える」 「お仕事リーフレットを作ろう」 図書を使って調べる 【総】心の地図を広げよう	辞典の活用 【国】「同じ読み方の漢字」 年鑑の活用 【社】「わたしたちの生活と工業生産」	ものの見方を広げる 【国】「鳥獣戯画」を読む 漢字辞典の活用 【国】「漢字を正しく使えるように」
12月	紙芝居 【国】「むかしばなしがいっぱい」 「本をえらんでよもう」	くらべて読もう 【国】「わたしはおねえさん」	民話に親しむ 【国】「三年とうげ」 国語辞典の活用 【国】「言葉を分類する」	地図の活用 【社】愛媛県の様子	伝記を読む 【国】「百年後のふるさとを守る」 （リーフレット）	伝統文化を楽しむ 【国】「狂言」
1月	伝承遊びや行事の本の利用 【生】「ふゆをたのしもう」	いろいろな遊びの本の紹介 【国】「おにごっこ」	科学読み物を紹介しよう 【国】「ありの行列」	漢字辞典・国語辞典の活用 【国】「熟語の意味」 科学読み物をしょうかいしよう 【国】「ウナギのなぞを追って」		本で調べる 【総】「ぼくの夢　わたしの夢」 ユニバーサルデザインについて 【社】「わたしたちのくらしと日本国憲法」
2月	図鑑の利用 【国】「どうぶつの赤ちゃん」	絵本の作り方 【生】「こんなことがあったよ」	ことわざの本や辞典で調べる 【国】「ことわざについて調べよう」	百科事典や図鑑の活用 【社】「ガイドブックをつくろう」 【国】「わたしの研究レポート」	読書の世界を広げる 【国】わらぐつの中の神様	本で調べる 【社】「日本とつながりの深い国々」 物語を読もう 【国】「海の命」
3月	本の紹介 【国】「だってだってのおばあさん」	外国の昔話に親しむ 【国】「スーホの白い馬」	本（斎藤隆介作）の紹介 【国】「モチモチの木」	本の紹介 【国】初雪のふる日 【総】生命を守ろう（防災リーフレット）	本で調べる 【社】「日本の環境事典をつくろう」	本の紹介 【国】「卒業するみなさんへ」

出典：新居浜市立船木小学校

間計画があり，司書教諭と学校司書で打ち合わせをしながら，学期ごとに見直し，次年度に生かす工夫をしている。

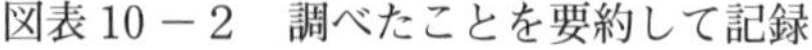
図表10－2　調べたことを要約して記録

出典：新居浜市立船木小学校

3　プログラミング教育

（1）学習指導要領（2017年告示）とプログラミング教育

プログラミング教育が，2020年より小学校に導入された。

小学校におけるプログラミング教育を，どの教科のどの単元で行うのかについては，学習指導要領（2017年告示）の算数５年生，理科６年生，そして総合的な学習の時間において例示されている。「指導計画の作成と内容の取り扱い」の項目では，いずれも「プログラミングを体験しながら論理的思考力を身につけるための学習活動を行う場合には，(後略)」とある。つまり，論理的思考力を身につけるための学習活動の１つとしてのプログラミングの体験が，この３つの教科において例示されている（注6）。その他の教科についてはどうだろうか。

「小学校プログラミング教育の手引（第二版）」(以下「手引」)（注7）では，小学校段階のプログラミングに関する学習活動の分類例を以下のように示している。

Ａ：学習指導要領に例示されている単元等で実施するもの

Ｂ：学習指導要領に例示されていないが，学習指導要領に示される各教

科等の内容を指導する中で実施するもの

C：教育課程内で各教科等とは別に実施するもの

D：クラブ活動など，特定の児童を対象として，教育課程内で実施するもの

E：学校を会場とするが，教育課程外のもの

F：学校外でのプログラミング学習機会

（2）家庭科におけるプログラミング教育の事例（神奈川県相模原市立青葉小学校）

相模原市では，小学校・中学校のつながりを視野に入れたプログラミング教育が進められている。小学校段階のプログラミングに関する学習活動のうち，A 分類だけでなく，B 分類にも力を入れている。

相模原市立青葉小学校の５年生の教室では，内藤友子教諭が家庭科の授業でプログラミング教育を行っていた。家庭科の授業であることから，小学校段階のプログラミングに関する学習活動のうち「B：学習指導要領に例示されていないが，学習指導要領に示される各教科等の内容を指導する中で実施するもの」に分類された授業である。

授業前の板書には，「寒い季節を快適に」と書いてある。子どもの机はグループの配置になっており，机上には，家の模型やファンなどの教材，プログラミングに必要なタブレット端末と IoT ブロック（使用していた商品名：MESH）が置かれている[注8]。

図表 10 − 3　授業中の様子

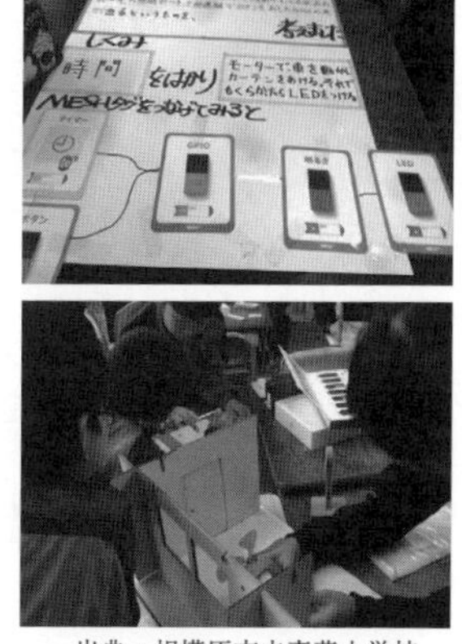

出典：相模原市立青葉小学校

授業が始まった。内藤教諭は，家庭科における快適を「健康」「清潔」「気持ちがいい」に整理した上で，大切なこととして「通風・換気」「採光」「寒さへの対処」という用語を使って，今までの学習を整理した。それから，子どもとやり取りをしながら，

今日のめあてを「寒い季節にだれもが快適な住まいになるよう自動化しよう」と板書した。

子どもは，何のために，何を自動化するのか，そして，その仕組みの説明とタグのつなげ方を書いた設計図をもとに，グループごとに制作を始める。ところが，予想通りの動きにならないグループも出てくる。子どもはすぐに試行錯誤を始めた。内藤教諭は，時折，困っているグループのところへ全員を集め，どうしたらいいのかを意見交換する時間を設けていた（図表10－3）。

この学習活動での子どもの姿の特徴は，

- IoTブロックをどうつなげば予想通りになるのかの試行錯誤を，子どもはためらわずに行っていること。
- 授業で行っていることを日常生活へと結びつけて考えていること。

であった。学校で学ぶことと子どもの日常生活を意図的につなげようとしなくても，子どもからは「うちのお母さんが疲れているとき，自動でカーテンが閉まって欲しいと思ってる」「体の不自由な人は，そこまで行けないことがある」ということばが飛び出してくる。日常の中で「こうしたらいいのにな」と思うことを実現できる場が目の前にあるため，子どもは何度でも「順次処理」や「繰り返し」，「条件分岐」を試すのだろう。このように，その場で試行錯誤ができることや，日常生活とつなげることは，プログラミング教育の長所である。

全国的に見ると，プログラミング教育を組み入れた単元計画立案の仕方，教材の購入など，超えるべき課題はあるものの，単に，プログラミングを体験するだけで終わっていない子どもの姿からは，学ぶべきことが多い。

（3）プログラミング教育から学校図書館を見る

プログラミング教育の現場から学校図書館に戻ると，どのメディアを使ってどういう順序で活用したらいいのかを選び，試行錯誤しながら必要な情報にたどり着くこと，これもプログラミングであると見えてくる。

また，以前は図書カードを使っていた貸出業務について，蔵書目録の電子化により最近ではバーコードを利用した貸出システムを取り入れている学校が多くなってきた。バーコード処理によるメリットは，蔵書管理にかかる時間が短縮されただけではない。利用者側にとっても，書誌データをもとに目的に応じた蔵書検索ができるようになった。利用者データは個人情報であることを前提にした上で，利用者の傾向を把握し，今後の書籍購入や図書館での展示計画に役立てることもできる。これらは，コンピュータのプログラムによる支援によって人間や組織の活動が変容している例である。

このように，プログラミング体験を重ねると情報社会の見え方が変わってくることに気づく。日常生活に目を向ければ，問いを解決しようとするとき，どうしたら解決できるのかをあれこれ考えるだろう。困ったときは，いくつもの論理の中から，最適解を選ぶ。そのとき，多くの人が当たり前のように情報検索を行う時代だからこそ，活用の仕方に合わせて，情報技術に支えられた情報社会を見る目の育成も必要になる。学校図書館においても，司書教諭や学校司書が，このような目線で情報技術を見る目を持つことは大切であると考える。

4　学校図書館における情報メディア環境整備

（1）情報メディアの整備状況の変化

①情報を収集するための情報メディア環境整備

学校図書館が扱う情報メディアには，「印刷メディア」（図書，雑誌，新聞など），「視聴覚メディア」（CD-ROM，DVD-ROMなど），「通信型メディア」（インターネット検索，データベース検索など）がある。

小学校では，生活科や総合的な学習の時間の新設にともない，各教科等の学習で使用する学校図書館の情報メディアの充実が進んだ。「印刷メディア」については，百科事典の引き方，目次・索引の使い方，要約・引用の仕方などが国語の教科書に書かれたのを機に，百科事典，図鑑，辞典などの参考図書の整備が進んだ。その一方で，「視聴覚メディア」「通信型メディア」の整備については，司書教諭ではなく，視聴覚主任，情報主任の仕事であるという学校もある。図書館とコンピュータ室が離れてある学校の場合は，「印刷メディア」は図書館，「視聴覚メディア」「通信型メディア」はコンピュータ室と，分けられて置かれている場合も多い。

近年，子どもが情報を扱う観点に立つと，これらのメディアは離れた場所にあるよりも，近くにあった方が便利であるという考え方が主流を占めてきている。既に，新設校や，教室の配置換えが可能な学校では，「印刷メディア」「視聴覚メディア」「通信型メディア」を統合した配置を考慮した学校図書館デザインを見かけるようになった。このような学校では，同じことを本でもインターネットでも調べたり，目的に応じた情報源を選択したりする学習活動が自然に行われている。

②学校図書館の環境整備を授業デザインに生かす試み（神奈川県大和市立上和田小学校）

近年「印刷メディア」と「通信型メディア」を活用した授業が，徐々に行われるようになってきた。コンピュータやタブレット端末を使って，ネットワーク上に公開されている資料を検索できる環境が整い始めたからである。

大和市では，読書センターに偏りがちな学校図書館を，学習センター，情報センターとしての機能を充実させるための取り組みが行われている。大和市立上和田小学校は，授業ができる空間整備，バランスのとれた図書館資料の配架をはじめ，ネットワーク上に公開されている資料の検索のためにタブレット端末の配置など，学習環境を少しずつ整えてきた。

山口詠子教諭は，このような学校図書館の学習環境を使って，６年国語の読むことの単元計画を立てた。単元名は「『私が考える新しい暮らし方』発表会をしよう～石田さんの考えと自分の考えを比べて友だちに伝えよう～」であり，全８時間扱いである（図表10－４）。単元計画には，発表会という学習活動をゴールとして示し，その過程において，教科書教材である「自然に学ぶ暮らし」と補助教材である関連図書を，子どもが読む仕掛けがある（図表10－５）。さらに，補助教材の関連図書には，「印刷メディア」と「通信

図表10－4　国語6年の単元計画

7．指導と評価の実際（全8時間）　　　　**〔〕は評価**

第1次　第1、2時　学習の見通しをもち課題を明確にし、学習計画を立てる。
［関］自分の課題を解決したいという願いをもち，その課題解決のために複数の本や文章を比べて読み，情報を多面的に収集しようとしている。

第2次　第3、4時　主教材「自然に学ぶ暮らし」を読み取り、要旨を捉える。
［言イ(キ)］文や文章にはいろいろな構成があることについて理解している。（ワークシート、発言）
［読ウ］意見を述べた文章や解説の文章などに対する自分の考えをもつために，必要な内容を押さえて要旨を捉えたり，事実と感想，意見などとの関係を押さえたりして読んでいる。（ワークシート）

第3次　第5～7時　関連図書や資料を読み、筆者の考えに対する自分の考えの根拠になるような事例を集め整理し、フリップにまとめる。
本時
［読カ］自らの課題（自分の考える「新しい暮らし方」の根拠となる事例）を探すために、複数の本や文章などを比べて読み、必要な情報を選んでいる。（そのままカード、まとめカード、フリップ）

第4次　第8時　「私が考える新しい暮らし方」発表会をし、学習したことを振り返る。
［読ウ］意見を述べた文章や解説の文章などに対する自分の考えをもつために，必要な内容を押さえて要旨を捉えたり，事実と感想，意見などとの関係を押さえたりして読んでいる。（フリップ、ワークシート）
［関］自分の課題を解決したいという願いをもち，その課題解決のために複数の本や文章を比べて読み，情報を多面的に収集しようとしている。（ワークシート、フリップ）

出典：大和市立上和田小学校

図表10－5　国語6年のために用意された関連図書

<用意した関連図書>
「みんなの未来とエネルギー」藤野　純一（文溪堂）「友だちロボットがやってくる」羅 志偉（くもん出版）
「すごい自然図鑑」石田 秀輝（ＰＨＰ研究所）「自然に学ぶくらし(1)(2)(3)」石田 秀輝（さ・え・ら書房）等
○ネットワーク資料の併用
タブレットを図書館内に設置し、ネットワーク上に公開されている資料も併用可能とした。
「ネイチャーテクノロジーデータベース」 http://www.naturetech-db.jp/
ネイチャーテック研究会の「すごい自然のショールーム」 http://nature-sr.com/index.php

出典：大和市立上和田小学校

型メディア」が併用されている。単元計画の第2次と第3次において，子どもは，山口教諭が選んだ質の良い資料を比較読みすることになる。

学習指導要領（2017年告示）において，読むことは，思考力・判断力・表現力等の中に，そして，比較・分類・関係づけは，知識及び技能の中に記されている。図書館にある資料を読むことは，教科書から抜け出し日常生活へと，子どもの学びを広げることにつながる。

学校図書館の学習環境整備は，多様で質のよい資料を提供できるだけでなく，子どもの読むことを，教科書から日常生活へと広げる機会をつくることでもある。

(2) 学校図書館でのICT環境整備の充実

①授業のための学習環境

近年，教室のICT整備が進み，「電子黒板」や「プロジェクタとスクリーン」を用いた授業も増えている。実物投影機を使って教科書やワークシートなどを大きく見せて説明したり，コンピュータやタブレット端末とつないでデジタル教科書や教材などを使用したりする授業も多い。このように，教室でICTが日常的に使われるようになると，学校図書館で授業をするときにも同様の学習環境が必要になってくる。

現在，ほとんどの小学校の図書館は，机・椅子が整備されている。これは，子どもが教室から図書館に移動し，授業を行う場所であることが前提になっているからである。

ICTが教室で整備されるようになると，教員が教科書やワークシートを大きく見せて説明するだけでなく，子どもが自分のノートを見せながら説明する場面も，通常の授業で行われるようになる。授業の場所が教室から他の場所に移動しても同様のことを行いたいと考えるのは，当然だろう。

②教室と学校図書館の学習環境をそろえる試み(京都府京都市立唐橋小学校)

教育の情報化にともない，普通教室に，電子黒板やプロジェクタが設置されるようになってきた。従来ならば，事前に教員が印刷をして黒板に貼って説明していたことが，その場で大きく映して説明ができるようになったため，教員の事前準備にかかる時間が短縮される。

京都市立唐橋小学校では，図書館教育の推進役である吉田夏紀教諭の「学校図書館で教室と同じような授業をしたい」という願いから，学校図書館の学習環境整備が始まった。「教室と同じように」とは，机・椅子以外に，実物投影機や電子黒板，板書をするホワイトボードなどがある空間を意味している。教室の授業でできていることが，学校図書館でもできるからこそ，学校図書館を日常使いできるという考え方である（注9）。

まず，必要だったのは，実物投影機である。目次・索引を大きく映したり，情報カードの書き方を示したりするなど，図書館では実物の本を見せながら説明したり，ワークシートを子どもといっしょに書いたりする場面が多い。そして，使用しているホワイトボードは，小学校低学年の子どもから見て圧迫感がなく，めあてや手順などを示すスペースがあることを考えた上で選んだ模造紙大のホワイトボードである（図表10－6）。

図表10－6　教室と同等の学習環境（上）実物投影機（下）

出典：京都市立唐橋小学校

林田博美教諭は，２年生生活科「ちいさななかまたち」の単元において，「自分が飼いたい生き物の図書を読み，生き物に合ったすみかやえさなどを見つけ生き物と大切に関わろうとする」ことを目標に，学校図書館を活用した学習活動を設定した。ホワイトボードには「生き物たちがよろこぶお世話の仕方をみつけよう」と，めあてが書かれている。実物投影機には，情報カードの書き方が大きく映し出されている。

このように，教室で授業をするときと同等の環境が学校図書館に整えられると，情報メディアを活用した学習活動を，教室と同じペースで進めることが可能になる。

予定した学習活動を進めるために，必要な図書館資料，掲示物，用具・文具などが図書館にあれば，さらに使い勝手がよくなる。例えば，調べたことをメモする「情報カード」が図書館に常備され，情報カードの書き方が図書館に掲示してあれば，それを見て記入することができる。

このように，学校図書館の学習環境が整うことにより，子どもには，資料と向き合い，じっくりと読む時間が確保されるようになる。林田教諭の２年生の学級では「目次・索引」の両方を使うなど，自分に必要な情報を探している子どもの姿があった（図表10－7）。教室では，「そうだったんだ！」という子どもの声が上がる。尋ねてみると，「図鑑から『アリ』を探そうとして目次を見たら載っていない。そこで，索引を使って『アリ』を探した。ページを開いて読むと，なんとアリはハチの仲間であると書いてある。だから，目次にはアリがなかったんだ！」と，目を輝かせて説明してくれた。

図表10－7　鉛筆を添わせながら文を読む・目次と索引を使い分ける

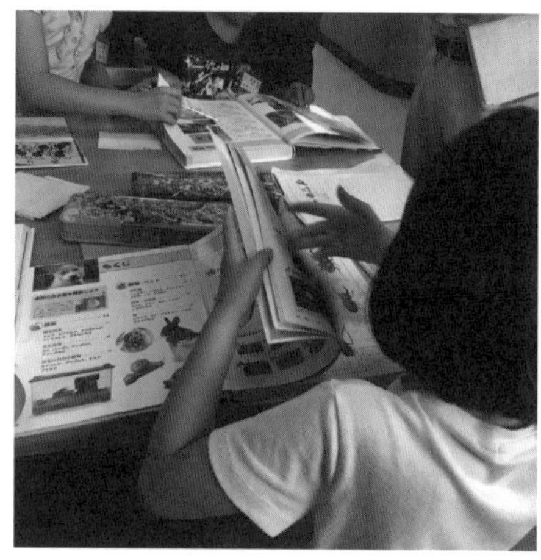

出典：京都市立唐橋小学校

5　情報メディアの活用と司書教諭の役割

本章で紹介した情報メディアの活用事例を見ていくと，地域や学校ごとに異なる点がいかに多いかがわかるだろう。その一方で，共通点もある。それは，子どもが問いを解決するときに，学校図書館の情報メディアを活用する学習活動を，教員が選んでいることである。学校図書館の情報メディアを活用し，より充実した学習活動が行われるためには，図書館を担当する司書教諭や学校司書が，環境を整えることと，どのように活用するのか（学び方）をつなげて考える視点が必要である。本章で紹介した事例をもとに，その視点を，自身の学校現場にも向け，利用者である子どもと教員のための学校図書館経営に役立てて欲しいと願っている。

（塩谷京子）

〈注〉

（注１）文部科学省「学校図書館の整備充実について（通知）」2016年11月の別添１「学校図書館ガイドライン」が示された。（http://www.mext.go.jp/a_menu/shotou/dokusho/link/1380599.htm［2020年２月16日現在参照可］）

（注２）山本順一，気谷陽子著『三訂版　情報メディアの活用』放送大学教育振興会　2016年　p.14-16

（注３）文部科学省「学習指導要領（平成29年告示）」2017年 p.32, 35（http://www.mext.go.jp/component/a_menu/education/micro_detail/__icsFiles/afieldfile/2018/09/05/1384661_4_3_2.pdf［2020年２月16日現在参照可］）

（注４）全国学校図書館協議会「情報資源を活用する学びの指導体系表」2019年（https://www.j-sla.or.jp/pdfs/20190101manabinosidoutaikeihyou.pdf［2021年２月16日現在参照可］）

（注５）全国学校図書館協議会「学校図書館に関する職務分担表」2019年（https://www.j-sla.or.jp/pdfs/20190101syokumubuntanhyou.pdf［2020年２月16日現在参照可］）

（注６）文部科学省「小学校学習指導要領（平成29年告示）」算数 p.92 理科 p.110 総合的な学習の時間 p.182（http://www.mext.go.jp/component/a_menu/education/micro_detail/__icsFiles/afieldfile/2018/09/05/1384661_4_3_2.pdf［2020年２月16日現在参照可］）

（注７）文部科学省「小学校プログラミング教育の手引（第二版）」2018年11月 p.22（http://www.mext.go.jp/component/a_menu/education/micro_detail/__icsFiles/afieldfile/2018/11/06/1403162_02_1.pdf［2018年12月５日現在参照可］）

（注８）MESHプロジェクトはソニーの新規事業創出プログラムの１つである。ウェブサイトでは「様々な機能をもったブロック状の電子『MESHブロック』を『MESHアプリ』につなげることによって，あなたの『あったらいいな』を実現できる」とある。（http://meshprj.com/jp/［2020年２月16日現在参照可］）

（注９）塩谷京子「教育の情報化を学校図書館の視点から読む」『学校図書館』No.790 全国学校図書館協議会　2016年８月号　p.21-23

第XI章　情報メディアの活用事例（中学校）

1　中学校における情報活用能力（情報リテラシー）の育成

本章では，筆者が司書教諭として勤務する学校法人玉川学園（東京都）における実践例を紹介する。

（1）玉川学園の教育

玉川学園は幼稚園・小学校・中学校・高等学校・大学・大学院を有する総合学園である。1929年の創立以来,「全人教育」を教育理念の中心として,「自学自律」「能率高き教育」「国際教育」等を掲げた教育活動を行ってきた。教育理念の1つ,「自学自律」を具現化した教育が「自由研究」である。「自由研究」は，さまざまな分野から自発的に自分の研究テーマに取り組む探究学習である。労作[注1]の中で各自が創意工夫をし，試行錯誤をしつつ主体的に取り組んでいくことを大切にしている。

1998年からは，子どもと学校と保護者をつなぐ学内グループウェアを使用し，小学3年生以上の全学年で「情報」の授業を実施するなど，ICT教育にも先進的に取り組む中で，2006年9月に学校図書館であるマルチメディアリソースセンター（Multimedia Resource Center：以下「MMRC」）を開館し，幼稚園から高等学校の教育活動を支えてきた。

2006年度からは，一貫教育の特性を生かし，発達段階を考慮して学年の連続性を保ちながら学年間の連携を図るべく，幼稚部から高等学校までを1つの学校と捉えるK-12（Kindergarten to twelve）体制となった。2021年度現在は，幼稚部から5年生までをPrimary Division，6年生から12年生（高等学校3年生）までをSecondary Program Divisionと区切り，校舎を分けて学んでいる。

2007年度に国際バカロレア機構（IBO：International Baccalaureate Organization）が認定する国際バカロレア（注2）MYP（Middle Years Programme）の第一期生の受け入れを開始し，2011年度からはDP（Diploma Programme）の教育プログラムも編成している。2021年度からは，IB Programs Divisionとして，6年生からのIB教育プログラムを開始した。

2008年度には文部科学省からスーパーサイエンスハイスクール(SSH)（注3）の指定を受け，2014年度の文部科学省スーパーグローバルハイスクール（注4）（SGH）の第1期指定校として認定を受けた。

2016年度には，文部科学省から小学校の低・中学年における英語教育に関する教育課程特例校の指定を受け，BLES（Bilingual Elementary School）クラスを開講した。日本語と英語のバイリンガル教育を通じて，国際社会で求められる人材を育てることを目的としている。

（2）情報基盤整備と学習情報センター構想

①学習情報基盤の整備（1990年代）

前項で述べたとおり，玉川学園における教育の情報化は，学習指導要領に新教科「情報」が設置される以前に既に始まっていた。1998年に，学園内のイントラネットとして，親と子と教員をつなぐコミュニケーションツールとして導入されたCHaT Net（Children Homes and Teachers Network）がそれである。CHaT Netは学園のすべての園児・児童生徒・家庭・教職員にネットワーク上のアカウントを与え，家からでもインターネットを介して学園内のコミュニケーションウェアにアクセスできる当時としては画期的な教育ネットワークであった。CHaT Netによって，欠席連絡にはじまる担任との連絡事項はもとより，学園内の日々の学習状況の家庭への公開も実現し，徐々に体育祭や学習発表会，音楽会などの主要な学内行事や，ひいては学外での課外活動の模様などもライブに近い状態で配信されることとなった。家庭や職場からも子どもたちの学びの様子を閲覧できることは，保護者からも大きな反響と歓迎をもって迎えられた。

その一方で，学校図書館の状況は，高等学校にこそ専任司書が配置されていたものの，小学校，中学校の図書室は専任の教職員は常駐していないという，公立学校と同等の状況であった。蔵書目録の電子化も高等学校のみで，同じ敷地内に位置しながら，各図書室は校舎ごとに分散しており，小学校や中学校の蔵書について横断的に検索する方法は存在しなかった。

学園の敷地内に，集中管理型の学校図書館「マルチメディアリソースセンター」を設置するという構想は古く，1970年代には存在していたとも聞く。

1997年1月，学園誌「全人教育」（現在は「全人」と改称）1月号の小原芳明玉川大学長・玉川学園長の巻頭言「新春所感」には，「こうした情報化時代の流れの中で，玉川では学術情報図書館（マルチメディアリソースセンター）の建設と『チャット・ネット・CHAT NET』の構想を計画し進めています」とある。現実には，翌1998年にはCHaT Netの敷設が先行し，学習指導要領の改訂に先駆けて，小学校からのカリキュラムに情報教育科目を設置し，独自に情報活用能力の育成の推進に乗り出した。そして，その10年後，ICTの活用が学園内に定着した2007年春に，「学術情報図書館」としてのマルチメディアリソースセンターが本格開館を迎えることとなった。

②学びの場としての学校図書館の創設

2003年12月，2006年度に完成予定の高学年校舎内に学習情報センターが設置されるという基本計画を受けて，「学園MMRC建設推進分科会」が組織された。2004年から2006年にかけて，分科会メンバーが国内先進校の学校図書館を視察するなどコンセプトメイキングが始まった。そこで提示された3つのコンセプトは以下のようなものである。

◆資料や道具の庫（くら）から，「そこで学ぶ場所へ：単なる図書館やコンピュータ室にとどまらず，学習者主体の空間として，すべての教科がそこで学ぶことのできる新しい情報。メディア環境を創造する。

◆情報が「溜まる」場所から情報が「動く」場所へ：本からインターネットまで，多様なメディアを横断的に活用し，学習者自身が情報を「動かす存在となる空間を創造する。そのための体系的なスタディ・スキルを育成する空間を設計する。

◆多様な学びのスタイルが共存できる場所へ：多様な学習スタイルの尊重をベースに，協調・協働学習を促す環境を創造する。メディアを活用した多様な学びのスタイルが，児童生徒だけではなく，教師や親などの教授者・支援者にも新しい知見を提供する空間を構築する（注5）。

このようにMMRCは，設立当初から，学習情報センターとしての機能をフルに発揮するコンセプトに基づいて設計され，そこで授業が展開されることを前提として計画された。本事例は，その機能を十全に活用することを意図して設立された学校図書館が，情報リテラシーや探究学習をはぐくむ新教科と幼稚園から高等学校までの学園全体を巻き込む思考力育成プロジェクトを産み出す基盤となった稀有の教育的実験の例である。そのために専任の司書教諭を採用することも必須の条件であった。

2　教科教育と情報活用能力（情報リテラシー）の育成

（1）9年生「学びの技」

MMRCを十全に活用するには，MMRCでの学び方を学びつつ教科の課題に取り組むことが必要であるという「ラーニングスキル（learning skill）」の習得（注6）という考え方は，2007年のMMRC開館後比較的早期に教員の理解を得ることができ，2008年度から，9年生（中学3年生）に「学びの技」という必修科目が新設された。「学びの技」という科目名はlearning skillの日本語訳であるが，国語科教諭による適訳であった。

2020年現在の「学びの技」は，SSH課題研究とも連動し，「総合的な学習の時間」枠を用いて行われる年間約60時間の科目である。授業のねらいは，学校図書館の機能と空間を十全に活用しながら，さまざまな学びのためのスキルを習得し，探究する姿勢を身につけることである。

具体的な学習内容としては，（3）項にて詳述するが，生徒は，自らが取り組む課題（テーマ）を設定し，課題解決のための情報収集，記録，整理，分析，考察を行い，論文の構成を行い，論文の執筆，発表に至るすべてのプロセスを体験し，各ステージで必要なスキルを体験しつつ学んでいく。

図表11－1は学びの技の年間の流れを示したものである。前半は，授業の場であるMMRCの利用方法や各種メディアの使い方，生徒用サーバへのアクセス方法などの学習環境の説明と指導を行う。学校図書館の基本的な利用方法を説明した段階で，「ミニ探究学習のステップ」を実施する。

「ミニ探究学習のステップ」とは，3時間の授業内で全員が同じテーマで探究型学習の流れを体験するものである。あらかじめ，そのテーマに関する資料やワークシートを1つのパッケージにしている。ほとんどの生徒にとってこの授業が探究型学習の初体験となるため，まず探究型学習の流れを理解する必要がある。探究型学習の流れや，やるべきことの全体像を掴み，ワークシートの使い方を理解しやすくするために行うものである。全員が同じテーマで行うため，なるべく全員興味が持てるテーマを選択している。2018年度は「国は小中学生の夜9時以降のSNS・ゲーム利用を禁止すべきか」をテーマに，与えられた資料から根拠を見つけ，ワークシートに論理的にまとめて，400～800字のミニ論文を執筆するところまでを3時間で体験した。

図表11－1　9年生「学びの技」の年間スケジュール

スケジュール	内容
4～7月	MMRCの使い方，リサーチスキル
	「ミニ探究学習のステップ」体験
	問いの決定，情報の収集と取捨選択 探究マップの作成
夏季休暇	マインドマップ（情報の整理）
9～10月	ポスターセッション準備
毎年10月末	中間発表：ポスターセッション
12～2月	論文執筆

その後，各自のテーマを仮決定する。テーマの設定には「Yes か No かで答えられる問い」という制限をつけている。「どのように～」「～について」などのテーマでは，何を明らかにすべきか迷いやすい。「～すべきか」や「～は本当か」などの「Yes か No かで答えられる問い」は，何を論証すればよいかが明確であるため，探究型学習初心者には取り組みやすい。良い問いを生成するには，知識が欠かせないため，リサーチをしながら随時問いの変更を推奨している。

「学びの技」の授業では国語科，情報科の教員と司書教諭がコアメンバーとなり，カリキュラム作成から授業運営までを担っている。授業は教員２名体制のティーム・ティーチングで行う。２名のうち１名はコアメンバーで編成し，メインで授業運営を行うが，もう１名は「学びの技」を初めて担当する教員であることが多い。探究の指導経験のある教員とチームを組むことで，教員も生徒と同様に各種メディアの探索方法やプレゼン資料の作り方，論文の書き方を学ぶことになる。この体制が探究型学習の指導者養成のための学内研修のような意味を持つ。９年生「学びの技」開講以来，毎年数名ずつ授業担当の経験者が増え，13 年目の現在は高学年専任教員の中の４割程度を占めている。

（2）「学びの技」の全学年への拡がり

2008 年の開始当初からのさまざまな試行錯誤を経て，「学びの技」の取り組みとその成果は，徐々に他の学年の学習活動や一般教員の意識にも影響を及ぼすようになった。１つには「学びの技」開設後に，学外者にも公開される学習発表会で，中学３年生が全員がそれぞれの課題についてのポスター発表を行うようになったことが，その保護者や父母，学外から訪れる教育関係者から高く評価されたことがある。また，「学びの技」の担当者が当初サブテキストとして制作していた私家版のテキストが，2014 年に玉川大学出版部から，「学びの技　14 歳からの探究・論文・プレゼンテーション」として出版販売された反響も大きいものがあった[注７]。

2014 年度からは，「K-12 学びの技」として，全学年において中学３年生の「学びの技」科目内容をすべての学年に拡張して展開する試みが開始された。中学３年生のみで実施する上での詰込み感を薄め，前後の学年でより効果的効率的に学ぶという体系化の発想が生まれてきたのである。中学３年生以外の学年には，手始めに年間５時間という試行の授業時間数が設定された。

幼稚園や小学校では，発達段階を考慮し，本格的な探究の前段階として，黒上晴夫氏らによる「シンキングツール」(注８) を用いた思考力の育成に取り組んでいる。

授業は担任が担当し，段階的に「ベン図」や「X チャート」などを活用することで，比較する・分類する・関連づける・つなげる・多面的に見るといった思考スキルを学んでいる。

中学年（小学５～中学２年生）では，各教科の中で「学びの技」の授業を行っている。低学年と同様に「シンキングツール」を用いた授業を行い，国語の授業内では「言語技術」(Language arts) の授業を行う。いずれも全学年・全教科で実施する。７～８年生は数学の授業内でデータサイエンス（統計学）を学んでおり，グラフの読み解きや作成，分析を行う。

10 年生以上では「自由研究」で各自が研究

図表 11 － 2　K-12 思考力育成カリキュラムモデル

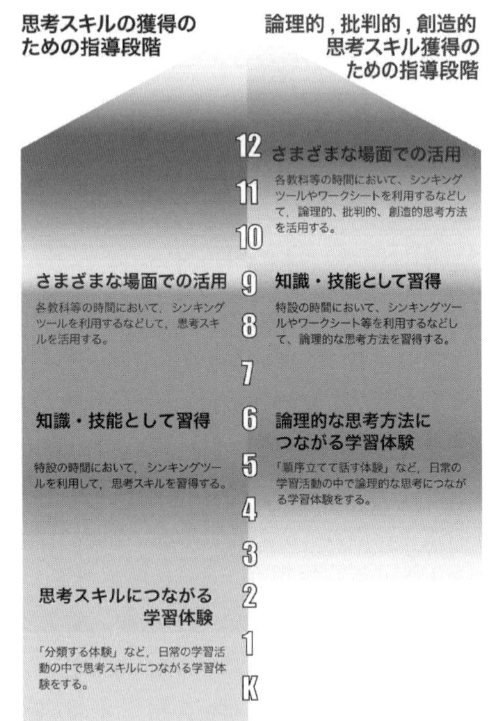

テーマを設定し,「学びの技」で習得したスキルを応用して研究を深めている。

このような本学園の思考力育成の取り組みを表した図が「K-12 思考力育成カリキュラムモデル」（図表 11 − 2）である。基礎的な思考スキルを身につけさせた上で，学齢が上がるにつれて論理的，批判的，創造的思考スキルを身につけさせる内容へと段階的に移行する２段構えの構想になっている。思考力を計画的に身につけさせることによって，生涯にわたってこれらのスキルを用いて自ら学び深めることができる児童生徒の育成を目指している。

（3）探究学習における情報収集と記録

自由に情報収集を行うと，生徒は手軽なウェブサイトのみを情報源にしがちである。９年生「学びの技」では各種メディアの特性を実際の活用を通して理解させるため，授業時間の冒頭でその日使用するメディアの使い方や特性を説明し，その時間は特定のメディアからのみ情報を収集するよう指導を行う。

例えば，本の調べ方の説明は，NDC（日本十進分類法）の概念の説明や百科事典の調べ方，蔵書検索システムの使い方など数回に分けて説明を行うが，その授業内では基本的に図書資料だけをつかって情報収集を行う。データベースを説明した日は，データベースの使用を促すなど，各種情報メディアの調べ方を着実に習得することに重点を置いている。

使用する情報メディアの偏りを意識させるために，課題として「３種類以上のメディアから合計９件以上」の情報を収集させている。例えば「本，新聞，ウェブサイト」や「新聞，論文，データベース」などのように，３種類以上のメディアを使用させることで，それぞれの情報源の特性の理解を促している。

2015 年度までは参考文献を手書きの冊子で管理していた。図表 11 − 3は手書きの「参考文献リスト」の一部である。メディアごとに７種類７色に色分けしたページに情報源を記録していくワークシートである。「３種類以上のメディアから合計９件以上」の情報収集を指示する際,「３色以上のページを使用する」ということがひと目でわかる。色によるメディア種別の意識づけのアイデアは，同志社国際中学校･高等学校コミュニケーションセンターの「メディアグラフィーカード」が原型になっている(注9)。

図表11－3　手書きの参考文献リスト

参考文献リスト：本

参考文献リスト：雑誌・新聞（逐次刊行物）

参考文献リスト：論文

2016年以降は，集めた情報の情報源の記録には，オリジナル参考文献管理アプリ「まいれふ」を使用している(注10)。

図表11－4　参考文献管理アプリ「まいれふ」

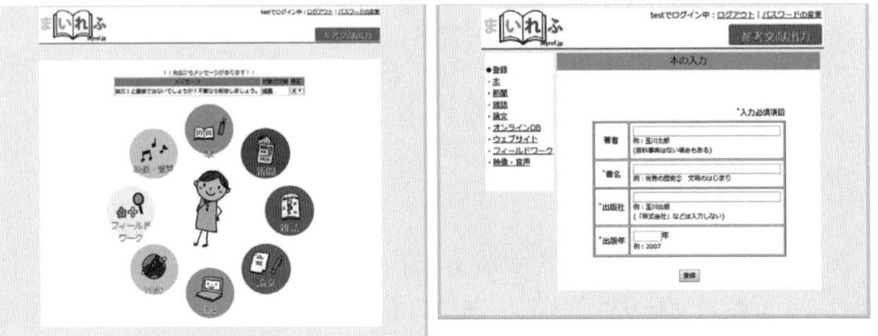

「まいれふ」には，本・新聞・雑誌・論文・データベース・ウェブサイト・フィールドワーク・映像音声の８つの区分にメディアを分類して登録でき，

参考文献の表記を統一してテキストとして出力できる。登録画面には書誌事項の入力欄が表示されるため，必要事項を漏らすことなく記録が可能である。生徒が情報源を「まいれふ」に登録する過程で，入力必須項目を埋めることができない情報源，例えば開設者が不明なウェブサイトなどの信頼性の欠如に気づくことができる。

図表11－5　エビデンスブック

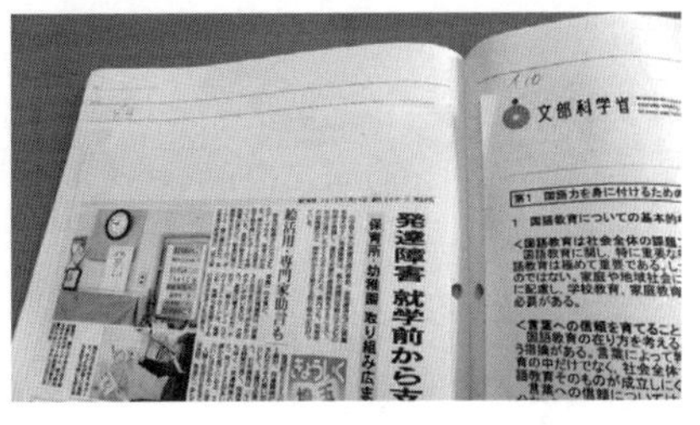

情報の内容の記録にはA4サイズのノート「エビデンスブック」を，「まいれふ」とセットで使用する。エビデンスブックに本や新聞記事などのコピーやウェブサイトのプリントアウトを貼り付け，「まいれふ」に登録した際に自動的に付与される参考文献番号を記録しておく。参考文献番号とは，「本１」（本の１件目），「デ２」（データベースの２件目）などを表すメディアの種類と番号を組み合わせた記号である。こうすることで情報源と情報の内容を一致させて整理することができる。

情報メディアの活用には，調べ方・まとめ方だけでなく，管理する方法の効率化と指導が重要であると感じる。「学びの技」の授業では，「まいれふ」導入後に生徒らが使用する参考文献の数が増えた。「まいれふ」導入前の2015年度の９年生「学びの技」の受講者の平均参考文献数は9.8件だったが，「まいれふ」導入後の2018年11月には17.6件に増加した。手書きでは大変だった参考文献情報を書き記す作業も，コピー&ペーストで効率のよい記録が可能になったことで，参考文献数が増加し，記録ミスも減った。可能な範囲でより生徒が管理しやすい方法を指導することが，情報メディアの活用促進につながると考えられる。

（４）情報の根拠と論文の構成

中学生は情報収集の際に目的を見失いやすい。調べることや記録することに必死で，見つかった情報にすぐに飛びついてしまう。あとから役に立たない情報であることに気づいたり，自分に都合の悪い情報を見て見ぬふりをしてしまったりする。

そのため「学びの技」では，情報収集の際は，問いに対する結論を述べるための「根拠」の裏づけの情報収集をしていることを，常に意識するため，「証拠収集シート」（図表 11 － 6）を使用している。このワークシートには，問い（テーマ）に対して「賛成」の根拠と「反対」の根拠を両方集めさせる項目がある。情報収集の際に，まずは自分の仮説通りの根拠も反対の根拠も，両方の情報を収集した上で，根拠を吟味して結論の立場を決めさせている。そのため，情報収集の段階では自分にとって都合の悪い情報であっても，迷いなく収集できるメリットがある。また，それぞれの根拠に参考文献番号を記載することで，情報源の偏りを意識することができる。

根拠となる情報を「証拠収集シート」に集めて根拠を見比べ，より根拠が強固であると考えられる立場を結論として選択する。結論ありきではなく根拠にもとづいた結論を導くことができる。

「証拠収集シート」に証拠がそろったら論文の構成を考えるためのワークシート「探究マップ」にまとめる。「探究マップ」とは，中央大学杉並高等学校の論文指導の中で開発されたもの（注 11）をもとに，中学生向けに簡略化したものである。「証拠収集シート」か

図表 11 － 6　証拠収集シート

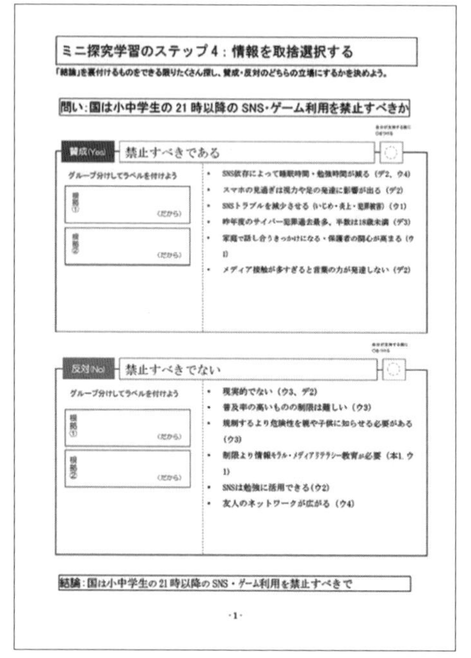

ミニ探究学習のステップ 4：情報を取捨選択する

「結論」を裏付けるものをできる限りたくさん探し、賛成・反対のどちらの立場にするかを決めよう。

問い：国は小中学生の 21 時以降の SNS・ゲーム利用を禁止すべきか

賛成(Yes)　禁止すべきである

グループ分けしてラベルを付けよう

根拠①　（だから）

根拠②　（だから）

- SNS依存によって睡眠時間・勉強時間が減る（デ2、ウ4）
- スマホの見過ぎは視力や足の発達に影響が出る（デ2）
- SNSトラブルを減少させる（いじめ・炎上・犯罪被害）（ウ1）
- 昨年度のサイバー犯罪過去最多、半数は18歳未満（デ3）
- 家庭で話し合うきっかけになる・保護者の関心が高まる（ウ1）
- メディア接触が多すぎると言葉の力が発達しない（デ2）

反対(No)　禁止すべきでない

グループ分けしてラベルを付けよう

根拠①　（だから）

根拠②　（だから）

- 現実的でない（ウ3、デ2）
- 普及率の高いものの制限は難しい（ウ3）
- 規制するより危険性を親や子供に知らせる必要がある（ウ3）
- 制限より情報モラル・メディアリテラシー教育が必要（本1、ウ1）
- SNSは勉強に活用できる（ウ2）
- 友人のネットワークが広がる（ウ4）

結論：国は小中学生の 21 時以降の SNS・ゲーム利用を禁止すべきで

-1-

ら「探究マップ」に根拠と資料番号を転記する。「探究マップ」の構成はそのまま発表用スライドや論文のアウトラインになり，これをもとにスライドや論文を作成する。

プレゼンテーションは，スライドを10枚作成して印刷し，１つのパネルに貼り付け，ポスターセッション形式で発表を行う。参考文献のページには「まいれふ」から参考文献の書式に則った参考文献一覧を出力し，そのままコピーして貼り付けて使用する。

論文は表紙・目次・参考文献を除いて3,000文字以上を執筆することを最低条件としているが，９件以上の資料や，論文執筆の素材として発表原稿やスライドがあるため，3,000文字以上の執筆はそれほど難しくなく，毎年ほぼ全員がこの条件をクリアする。

探究型学習には情報収集が欠かせない。生徒たちには情報メディアの特性を理解した上で，情報収集，選択，新たな知識を再構築するスキルを身につけさせる必要がある。司書教諭として探究型学習全体にかかわることで，スキルの習得と探究の質を向上させることに貢献したいと考えている。

3　学校図書館における情報メディア環境の整備

９年生の「学びの技」や「自由研究」は，年間を通じて学校図書館であるMMRCで行われる。MMRCは，K-12の多様な学習活動に対応できるようフレキシブルな学習空間にデザインされている（図表11－7）。防音設備のある２教室のほか，オープンスペースの学習空間もあり，同時に複数の授業を実施することができる。情報機器が充実しており，生徒貸出用ノートパソコン・館内無線LANを完備している。授業支援のためMMRCスタッフによる資料や機器のサポートが行われている。

利用できるメディアは，図書・雑誌・新聞・オンラインデータベースなどである。図書約59,000冊（うち洋書約5,600冊，閉架約10,000冊），雑誌約40誌，新聞７紙，ラップトップコンピュータ80台，オンラインデータベース９種類（新聞系３種・百科事典系２種・音楽系・理科系・環境系１種・英

図表11－7　MMRCマップ

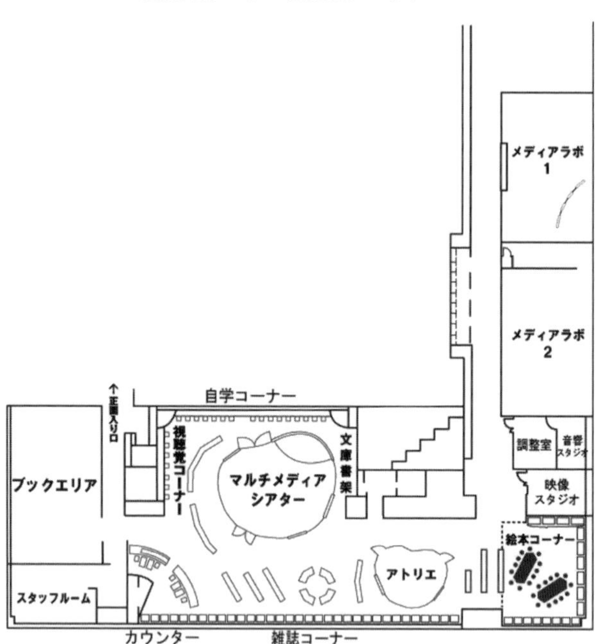

文百科事典系1種）を提供している。

本は図書館で，コンピュータはコンピュータ室だけで使用するのではなく，館内どこでもラップトップコンピュータを使用しながら，本や雑誌を広げることができる。また，防音の教室を利用することで，図書館内でも他の利用者を気にすることなく映像資料を観たり，生徒同士や教員に質問しながら資料を作成したり，教え合いをしたりすることができる。MMRCは利用者中心にデザインされている。

MMRCが読書センター，学習センター，情報センターとしての機能を発揮できるよう，以下の方針で情報メディア環境の整備を行っている。

（1）選書

MMRCはK-12の学校図書館であるため，K-12の教育活動に寄与する図書資料を選書・購入している。校務分掌「図書・読書」委員会は，K-12の教員らで構成された読書推進のための組織であるが，MMRCで選定する資料はすべてこの委員会で承認を得て購入している。「図書・読書」委員会とは，幼稚園・小学校・中学校・高等学校から各１～２名の教員が選出され，各部の代表として教員らの図書のリクエストを受け付けたり，資料選定や読書推進の窓口となったりする形でMMRCとかかわる。

基本的な選書方針は，図書選定基準（全国学校図書館協議会）をもとに行うが，校種別のバランスを考慮しつつ，K-12の状況を鑑みて利用度の高い資料を優先的に選定する。例えば，本学園の探究型学習に利用される図書についてはジャンルを問わず積極的に購入している。前述の「学びの技」や「自由研究」では，１学年の生徒全員が異なるテーマで研究を行うため，毎年研究テーマが決定した段階で担当教員から司書教諭に生徒全員の研究テーマの情報を提供してもらい，それらのテーマに関連する資料の選書を行っている。

また，年度ごとに選書計画を立て，重点的に選書するジャンルを決めている。例えば，2016～2017年度は，本学園の国際学級の増加にともない，英語多読図書の充実を目標に掲げ，国際バカロレア担当教員と英語科教諭らの協力の下，資料の選定・充実を行い，難易度別にレベル分けをして装備配架する等の環境整備を図った。

リクエストに関しては，入手不可能な図書や選書方針に反する資料（K-12の教育活動に関係しない漫画等）は断ることもあるが，積極的に受け付けている。なお，児童生徒からの図書リクエスト数は年間約300件である。

（2）整理・配架

MMRCの和書はNDCによって整理・配架され，洋書はDDC（Dewey Decimal Classification）で整理している。そのため，洋書と和書は配架エリアを分けている。図書の分類の利用指導は，ごく基本的な内容は小学２年生のガイダンスから説明を実施し，その後は段階的に詳しい内容に変えながら３年生，４年生，７年生，９年生でも説明を行っている。

本学園は利用者の学齢の幅が広いため，サインのわかりやすさに配慮している。例えば，「心理学（こころ）」「文学（おはなし）」などのように一般向けと小学生向けの表記を併記し，さらにピクトグラムで各分野の内容を示すデザインを掲示している。

（3）廃棄・更新

図書の廃棄は，学校図書館図書廃棄基準（全国学校図書館協議会）を参考に行うが，閉架書庫にはそれらの基準を満たさない廃棄対象図書も数年間は保管している。利用状況によっては閉架図書を開架に戻すこともある。

除籍図書は，司書教諭や学校司書が候補を選定した上で「図書・読書」委員会の教員らの協力を得て最終決定するなど，選書だけでなく除籍の際にも協力を仰いでいる。除籍図書を再利用する場合もあり，中学年校舎の廊下に設置した本棚には，廃棄した図書を使用している。この「廊下図書」は生徒たちが身近に気軽に図書を手にとれる環境を作るという目的で中学年の教員らが設置したコーナーである。貸出や返却手続を必要とせず，蔵書点検等も行わないが，書架整理などの緩やかな管理のみが行われている。ここには「図書・読書」の委員を担当する教員らが除籍する図書から選んだ図書を，廊下図書用に簡単に装備し直して配架している。

（4）大学図書館の利用

本学園の高学年生（9～12年生）は，併設大学の図書館を利用することができる。学齢が上がると日々の学習活動や探究型学習でさまざまな資料が必要になるため，大学図書館のデータベースや蔵書の活用方法も指導している。９年生以上のガイダンスでは大学図書館見学と利用方法を紹介する。大学図書館のラーニングコモンズエリアの利用も高学年生には認められている。

（5）ガイダンス・ユーザーズガイド

MMRC ガイダンスは，幼稚部保護者，３年生，４年生，５年生，７年生，９年生，10 年生（一般・国際バカロレア（以下「IB」）），11 年生（IB），新任教員（一般・IB）に対して実施している。学齢に応じて，資料の探し方の説明の内容やレベルを変えながら，繰り返し指導を行う。

開館当初から，MMRC はユーザーズガイドを作成・発行してきた。５年生以上の学年に全員配布している。ユーザーズガイドには，MMRC の利用案内のほか，テーマの決め方や各種メディアの探し方，使い方，記録の取り方，参考文献の書き方，引用の示し方，プレゼンテーションの仕方，質問の仕方などがまとめられている。IB 学級には，ユーザーズガイドの英語版を配布している。

MMRC はラーニングスキルの育成を使命の１つとしている。K-12 の教育活動の中で体系的に情報メディアに親しみ，活用していくことで，探究心と問題解決力を持つたくましい人間の育成を目指している。

（伊藤史織）

〈注〉

（注１）労作とは，玉川学園創立以来の固有の用語であり活動である。以下の玉川学園サイトに詳しい。玉川学園「玉川学園について－玉川の『労作』教育」2013 年 ８ 月 ２ 日（https://www.tamagawa.jp/introduction/enkaku/history/detail_5991.html［2021 年２月１日現在参照可］）

（注２）文部科学省 IB 教育推進コンソーシアム「IB とは」2021 年（https://ibconsortium.mext.go.jp/about-ib/［2021 年２月１日現在参照可］）

（注３）文部科学省「スーパーサイエンスハイスクール」（https://www.mext.go.jp/a_menu/jinzai/gakkou/1309941.htm［2021 年２月１日現在参照可］）

（注４）スーパーグローバルハイスクール「スーパーグローバルハイスクール」（https://sgh.b-wwl.jp/［2021 年２月１日現在参照可］）

（注５）河西由美子「玉川学園マルチメディアリソースセンターの挑戦－新しい学習観を反映した学びの場の創造－」季刊文教施設　26 号　2007 年春号　p.26-29

（注６）河西由美子「学校図書館メディアセンターで育成する一貫教育におけるラーニングスキル体系の構築」日本教育工学会　第 22 回全国大会講演論文集　2006 年 11 月

（注７）後藤芳文・伊藤史織・登本洋子『学びの技　14 歳からの探究・論文・プレゼンテーション』玉川大学出版部　2014 年

（注８）黒上晴夫，小島亜華里，泰山裕「シンキングツール～考えることを教えたい～（短縮版）」 2012 年（http://ks-lab.net/haruo/thinking_tool/short.pdf［2021 年２月１日現在参照可］）

（注９）河西由美子「メディアグラフィーカードを用いた情報リテラシー教育」教育工学関連学協会連合全国大会講演論文集　2000 年 10 月　p.271-272

（注 10）登本洋子，板垣翔大，伊藤史織，堀田龍也「情報検索を支援する生徒向け参考文献管理システムの運用」日本教育工学会第 32 回全国大会講演論文集　2016 年９月　p.679-680

（注 11）池田尚子「探究マップを使用した論理的思考力の育成：高校１年生への読解・表現指導を例に（自由研究発表）」全国大学国語教育学会発表要旨集　2014 年５月　p.81-84

情報メディアの活用事例（高等学校）

1　教科「情報」の学習内容について

2003年に高等学校に新設された教科「情報」では，高度情報通信社会に対応した生徒を育て，すべての生徒の情報活用能力を向上させることが求められている。そのため，時代の流れに合うように，約10年ごとの学習指導要領の改訂の都度，内容も大きく見直されている。教科「情報」は，新しい教科ということもあり，本章では1989年から4度の学習指導要領改訂をとおし，教科「情報」の誕生とその変遷を追いながら，その学習内容について解説する。世の中の情報は日々増加し，情報メディア環境も刻々と変化している。今後も学習内容の変化の大きい教科であると思われるので，これまでの変遷をふまえながら，教科「情報」の学習内容を理解して欲しい。

（1）教科「情報」の萌芽

教科「情報」の萌芽は，1985年の臨時教育審議会第一次答申[注1]にみられる。「社会の情報化を真に人々の生活の向上に役立てる上で，人々が主体的な選択により情報を使いこなす力を身につけることが今後への重要な課題である」として，学校教育における情報化への対応が必要であるとされた。翌年の1986年の臨時教育審議会第二次答申[注2]では，情報活用能力は「情報及び情報手段を主体的に選択し活用していくための個人の基礎的な資質」を指すものとされ，「読み，書き，そろばん」と並ぶ基礎・基本として位置づけられ，学校教育においてその育成を図ることとされた。

さらに翌年の1987年の教育課程審議会答申[注3]では，「社会の情報化に主体的に対応できる基礎的な資質を養う観点から，情報の理解，選択，整理，処理，創造などに必要な能力及びコンピュータ等の情報手段を活用する能力と態度の育成が図られるよう配慮する。なお，その際，情報化のもたらすさまざまな影響にも配慮すること」と提言された。

1986年から1987年は，バブル期の初期にあたり，スーパーマリオブラザーズやドラゴンクエストが発売され，ファミコンがブームとなり始めた頃である。ビデオレコーダーが普及し，Macintosh や Windows のコンピュータが高額ではあるが，日本においても本格的に売り出され始める。携帯電話の原型とされるショルダーフォンが発売されたのもこの頃である。重さが３kg あり，肩から下げてやっと持ち運びができる大きさと重さであった。

1987年の答申を受けて，1989年の学習指導要領改訂にて，数学科，理科，家庭科等にコンピュータ等に関する内容が取り入れられ，教育活動の中でコンピュータ等が積極的に活用されることとなる。

（2）教科「情報」の新設―1999年告示学習指導要領「情報」

1997年10月の「情報化の進展に対応した初等中等教育における情報教育の進展等に関する調査研究協力者会議」第一次報告（注4）において，情報教育の目標が次の３つの観点に整理される。

１．情報活用の実践力

課題や目的に応じて情報手段を適切に活用することを含めて，必要な情報を主体的に収集・判断・表現・処理・創造し，受け手の状況などを踏まえて発信・伝達できる能力

２．情報の科学的な理解

情報活用の基礎となる情報手段の特性の理解と，情報を適切に扱ったり，自らの情報活用を評価・改善するための基礎的な理論や方法の理解

３．情報社会に参画する態度

社会生活の中で情報や情報技術が果たしている役割や及ぼしている影響を理解し，情報モラルの必要性や情報に対する責任について考え，望ましい情報社会の創造に参画しようとする態度

これを受けて，1998年の教育課程審議会答申（注5）では，「各学校段階・各教科等を通じる主な課題に関する基本的考え方の１つとして「情報化への対応」をあげ，高等学校においては，教科「情報」を新設し必修とすること」とされ，1999年３月に告示された学習指導要領で教科「情報」が新設され，必修となる。同時に，中学校の技術・家庭科においては，情報に関する基礎的な内容として「情報とコンピュータ」が必修となり，世の中の情報化への対応が図られている。また，「各学校が創意工夫を生かした特色ある教育活動を展開し，国際理解，情報，環境，福祉・健康など横断的・総合的な学習などを実施する」こととして，「総合的な学習の時間」が創設されたのも，同改訂時である。

1999年に告示された学習指導要領の「情報」は図表12－1のとおりである。教科「情報」の目標は，「情報及び情報技術を活用するための知識と技能の習得を通して，情報に関する科学的な見方や考え方を養うとともに，社会の中で情報及び情報技術が果たしている役割や影響を理解させ，情報化の進展に主体的に対応できる能力と態度を育てる」こととされ，図表12－1の情報教育の目標が反映されたものであることがみてとれる。さらに，情報活用の実践力に重点を置いた「情報A」，情報の科学的な理解に重点を置いた「情報B」，情報社会に参画する態度に重点を置いた「情報C」のいずれか１科目（２単位）を履修することとされた。重点の置き方に違いはあるものの，どの科目を選択しても，３観点を学ぶことができる構成になっている。履修学年に決まりはない。

図表12－1　1999年告示学習指導要領「情報」

［目標］ 情報及び情報技術を活用するための知識と技能の習得を通して，情報に関する科学的な見方や考え方を養うとともに，社会の中で情報及び情報技術が果たしている役割や影響を理解させ，情報化の進展に主体的に対応できる能力と態度を育てる。	
情報A	［目標］ コンピュータや情報通信ネットワークなどの活用を通して，情報を適切に収集・処理・発信するための基礎的な知識と技能を習得させるとともに，情報を主体的に活用しようとする態度を育てる。

	［内容］ （1）情報を活用するための工夫と情報機器 （2）情報の収集・発信と情報機器の活用 （3）情報の統合的な処理とコンピュータの活用 （4）情報機器の発達と生活の変化
情報B	［目標］ コンピュータにおける情報の表し方や処理の仕組み，情報社会を支える情報技術の役割や影響を理解させ，問題解決においてコンピュータを効果的に活用するための科学的な考え方や方法を習得させる。 ［内容］ （1）問題解決とコンピュータの活用 （2）コンピュータの仕組みと働き （3）問題のモデル化とコンピュータを活用した解決 （4）情報社会を支える情報技術
情報C	［目標］ 情報のディジタル化や情報通信ネットワークの特性を理解させ，表現やコミュニケーションにおいてコンピュータなどを効果的に活用する能力を養うとともに，情報化の進展が社会に及ぼす影響を理解させ，情報社会に参加する上での望ましい態度を育てる。 ［内容］ （1）情報のディジタル化 （2）情報通信ネットワークとコミュニケーション （3）情報の収集・発信と個人の責任 （4）情報化の進展と社会への影響

「高等学校学習指導要領解説 情報編」(注6)には，図書館との連携について，次のように記載されている。

> 4　普通教科「情報」新設の趣旨
>
> （3）高等学校の他教科との連携
>
> 高等学校における情報教育を，普通教科「情報」だけが担うようにとらえてはならない。（中略）学校図書館を計画的に利用しその機能の活用を図ることも大切である。書籍やビデオなどの情報とコンピュータや情報通信ネットワークを合わせて利用できるようにした学校図書館を，学

習情報センターとして生徒の主体的な学習活動に役立てて行けるように整備を図り活用していくことが必要である。

これは，2009年，2018年に告示された学習指導要領にも同様に記載されている。

（3）２科目構成に―2009年告示学習指導要領「情報」

情報活用能力の段階的な育成により，小学校と中学校での情報教育も進んできたことから，2009年に告示された学習指導要領では，情報活用の実践力に重点を置いた「情報A」は，情報の科学的な理解に重点を置いた「情報B」，情報社会に参画する態度に重点を置いた「情報C」に統合され，学習内容も整理されることになった（図表12－２）。「情報A」を選択する学校が８割にのぼっていたことも一因であったと考えられる[注7]。その結果，2009年に告示された学習指導要領では，情報社会に参画する態度に重点を置いた「社会と情報」と，情報の科学的理解に重点を置いた「情報の科学」の２科目の構成となり，いずれか１科目（２単位）を履修することとされた。約８割の学校が「社会と情報」を選択していた[注8]。

図表12－２　2009年告示学習指導要領「情報」

<table>
<tr><td colspan="2">［目標］
情報及び情報技術を活用するための知識と技能を習得させ，情報に関する科学的な見方や考え方を養うとともに，社会の中で情報及び情報技術が果たしている役割や影響を理解させ，社会の情報化の進展に主体的に対応できる能力と態度を育てる。</td></tr>
<tr><td>社会と情報</td><td>［目標］
情報の特徴と情報化が社会に及ぼす影響を理解させ，情報機器や情報通信ネットワークなどを適切に活用して情報を収集，処理，表現するとともに効果的にコミュニケーションを行う能力を養い，情報社会に積極的に参画する態度を育てる。
［内容］
（１）情報の活用と表現
（２）情報通信ネットワークとコミュニケーション
（３）情報社会の課題と情報モラル
（４）望ましい情報社会の構築</td></tr>
</table>

情報の科学	［目標］ 情報社会を支える情報技術の役割や影響を理解させるとともに，情報と情報技術を問題の発見と解決に効果的に活用するための科学的な考え方を習得させ，情報社会の発展に主体的に寄与する能力と態度を育てる。 ［内容］ （1）コンピュータと情報通信ネットワーク （2）問題解決とコンピュータの活用 （3）情報の管理と問題解決 （4）情報技術の進展と情報モラル

（4）必履修科目と選択科目の２科目構成に―2018年告示学習指導要領「情報」

教科「情報」の新設から20年後，ますます進展する社会の情報化にともない，2018年に告示された学習指導要領では，必履修科目として「情報Ⅰ」と「情報Ⅰ」の履修を終えた者が発展的内容として選択できる「情報Ⅱ」の２科目構成となる（図表12－３）。内容も整理され，情報や情報技術に関する知識をより学ぶことができる構成となっている。また，必履修である「情報Ⅰ」にプログラミングが入ったことにより，全高校生がプログラミングを学習することになるのも，今回の改訂の大きな特色の１つである。これにより，高等学校のすべての生徒が，問題の発見・解決に向けてプログラミングしたり，モデル化やシミュレーションをしたりすることになる。また，効果的な情報デザインの視点からコミュニケーションについても学習する。

さらに，既に情報を入試科目にしている大学もあるが，2025年からの大学入学共通テストでは，「情報Ⅰ」を出題範囲とした教科「情報」が新設される方向であることが大学入試センターより公表されている（2021年３月現在）。

図表 12 − 3　2018 年告示学習指導要領「情報」

<table>
<tr><td colspan="2">[目標]
情報に関する科学的な見方・考え方を働かせ，情報技術を活用して問題の発見・解決を行う学習活動を通して，問題の発見・解決に向けて情報と情報技術を適切かつ効果的に活用し，情報社会に主体的に参画するための資質・能力を次のとおり育成することを目指す。
（1）情報と情報技術及びこれらを活用して問題を発見・解決する方法について理解を深め技能を習得するとともに，情報社会と人との関わりについての理解を深めるようにする。
（2）様々な事象を情報とその結び付きとして捉え，問題の発見・解決に向けて情報と情報技術を適切かつ効果的に活用する力を養う。
（3）情報と情報技術を適切に活用するとともに，情報社会に主体的に参画する態度を養う。</td></tr>
<tr><td>情報Ⅰ</td><td>[目標]
情報に関する科学的な見方・考え方を働かせ，情報技術を活用して問題の発見・解決を行う学習活動を通して，問題の発見・解決に向けて情報と情報技術を適切かつ効果的に活用し，情報社会に主体的に参画するための資質・能力を次のとおり育成することを目指す。
（1）効果的なコミュニケーションの実現，コンピュータやデータの活用について理解を深め技能を習得するとともに，情報社会と人との関わりについて理解を深めるようにする。
（2）様々な事象を情報とその結び付きとして捉え，問題の発見・解決に向けて情報と情報技術を適切かつ効果的に活用する力を養う。
（3）情報と情報技術を適切に活用するとともに，情報社会に主体的に参画する態度を養う。
[内容]
（1）情報社会の問題解決
（2）コミュニケーションと情報デザイン
（3）コンピュータとプログラミング
（4）情報通信ネットワークとデータの活用</td></tr>
<tr><td>情報Ⅱ</td><td>[目標]
情報に関する科学的な見方・考え方を働かせ，情報技術を活用して問題の発見・解決を行う学習活動を通して，問題の発見・解決に向けて情報と情報技術を適切かつ効果的，創造的に活用し，情報社会に主体的に参画し，その発展に寄与するための資質・能力を次のとおり育成することを目指す。</td></tr>
</table>

（1）多様なコミュニケーションの実現，情報システムや多様なデータの活用について理解を深め技能を習得するとともに，情報技術の発展と社会の変化について理解を深めるようにする。 （2）様々な事象を情報とその結び付きとして捉え，問題の発見・解決に向けて情報と情報技術を適切かつ効果的，創造的に活用する力を養う。 （3）情報と情報技術を適切に活用するとともに，新たな価値の創造を目指し，情報社会に主体的に参画し，その発展に寄与する態度を養う。 ［内容］ （1）情報社会の進展と情報技術 （2）コミュニケーションとコンテンツ （3）情報とデータサイエンス （4）情報システムとプログラミング （5）情報と情報技術を活用した問題発見・解決の探究

（5）教科「情報」の具体的事例

これまでに，教科「情報」の学習内容について述べてきた。ここでは，現行の学習指導要領における「社会と情報」「情報の科学」を通して，具体的にどのようなことが学ばれているのか，主なものをあげる（教科書などから筆者にて整理）[注9，注10，注11，注12]。

①情報社会における情報の伝達とコミュニケーション

・メディアの特徴

・メディアリテラシー

・情報モラル

・SNS

・電子メール

・情報の信ぴょう性

・インターネット，ネットワーク，ウェブページの仕組み

・個人情報，プライバシー

②デジタル技術

・デジタルとアナログの違い

・情報の単位

・デジタル化の仕組み（文字，音，画像，動画，データの圧縮等）

③情報社会のシステム

・カーナビゲーション，高度道路交通システム，緊急地震速報

・遠隔医療，遠隔教育，社会保障・税番号制度

・バリアフリー，ユニバーサルデザイン

・電子商取引，POSシステム

・データベース

・ICカード

④モデル化と問題解決

・ブレーンストーミング，KJ法，ロジックツリー

・情報の収集，情報の整理・管理，情報の分析，発表の仕方

・表計算ソフトウェア，日本語文書ソフトウェア，プレゼンテーションソフトウェアの利用

・表現の工夫（フォント，配色など）

・アンケート調査

・モデル化とシミュレーション

・アルゴリズムとプログラミング

⑤情報社会における安全

・テクノストレス，インターネット依存

・デジタルデバイド（情報格差）

・サイバー犯罪，ウイルス対策

・知的財産権（産業財産権，著作権）

・電子署名，電子証明書

・組織における情報セキュリティ

・暗号化の仕組み

・情報セキュリティの技術

2　情報活用能力（情報リテラシー）の育成

これまでに教科「情報」の学習内容についてみてきたが，高等学校における情報活用能力（情報リテラシー）育成に目を広げてみよう。

（1）情報活用能力調査の結果

高校生の情報活用能力について，2015年12月から2016年3月に高等学校2年生を対象に実施された調査がある（注13）。調査の結果から，次の点に課題があることが明らかにされた。

〈情報活用の実践力〉

- 整理された情報を読み取ったり，整理・解釈したりすることはできるが，複数の情報がある多階層のウェブページから，目的に応じて特定の情報を見つけ出し，関連付ける
- 複数の統計情報を，条件に合わせて整理し，それらを根拠として意見を表現する
- ある事象の原因や傾向を推測するために，どのような情報が必要であるかを明確にすることや，多項目かつ桁数の多い数値のある表で示された統計情報を，表計算アプリケーションを使って，数的な処理をする

〈情報の科学的な理解〉

- 自動制御に関する情報処理の手順を考え，アルゴリズムを用いて表現する

〈情報社会に参画する態度〉

- 情報の発信・伝達の際に，他者の権利（肖像権や著作権）を踏まえて適切に対処することや，不正請求のメールやサイト等の対処

「複数の情報がある多階層のウェブページから，目的に応じて特定の情報を見つけ出し，関連付ける」ことや，「情報の発信・伝達の際に，他者の権

利（肖像権や著作権）を踏まえて適切に対処する」ことは，各教科と学校図書館との連携によって育てていきたいところである。

（2）情報活用能力の育成とカリキュラム・マネジメントとの関係

2018年に告示された高等学校学習指導要領解説総則編には，各学校が教育課程にもとづき組織的かつ計画的に各学校の教育活動の質の向上を図るカリキュラム・マネジメントを充実させるようにと明記されている。とくに情報活用能力とカリキュラム・マネジメントについては次のように記載されている。

> ■各学校におけるカリキュラム・マネジメントの推進
>
> 各学校においては，教科等の目標や内容を見通し，特に学習の基盤となる資質・能力（言語能力，情報活用能力（情報モラルを含む。以下同じ。），問題発見・解決能力等）や現代的な諸課題に対応して求められる資質・能力の育成のために教科等横断的な学習を充実することや，主体的・対話的で深い学びの実現に向けた授業改善を単元や題材など内容や時間のまとまりを見通して行うことが求められる。（後略。下線は筆者）

学校がどのように目標を設定し，計画を立てて実行していくかによって，生徒にどの程度，言語能力や情報活用能力，問題発見・解決能力が育成されていくか，差も出てくるといえるだろう。今後，カリキュラム・マネジメントの充実が求められる学校の組織において，言語能力や情報活用能力，問題発見・解決能力等を育てるためには，学校図書館を中心とした活動を，どのように推進し，活用させていくか，司書教諭の力量によるところが大きいといえるのではないだろうか。コンピュータを使うことだけが情報の活用ではない。高校生になると，扱う情報の量も格段に増える。情報をどのように扱えばよいのか，学校図書館が担う役割は大きい。

（3）高等学校における情報活用能力の育成の事例

ここでは，高等学校の各教科における情報活用能力の育成につながる事例を紹介する。

図表 12 − 4　具体的指導案

教科	具体的指導案
1．英語	・海外の文化について情報を収集する ・情報機器を活用して，海外に住む人と外国語を使ってコミュニケーションをはかる ・デジタル教科書を用いてネイティブの発音をお手本にする
2．数学	・表計算ソフトウェアを使って，計算を行う ・グラフ描画ソフトウェアを用いて，数式の動作を確かめる ・シミュレーションソフトウェアを用いて，問題解決を行う
3．国語	・いくつかの資料を読み，共通する視点を付箋にまとめる ・音読を録音し，聞きやすさについてディスカッションする ・自分が考えたことをスライドにまとめ，プロジェクターを用いて発表する
4．理科	・プラスチックごみが生態系に与える影響についてレポートにまとめる ・化学反応をシミュレーションソフトウェアを用いて試してみる ・月の観察結果をコンピュータを用いて記録し，分析する
5．社会	・ごみの削減について，地域住民の方への提案をまとめる ・女性の労働環境について，複数のグラフを比較して，自分の主張の根拠にする ・情報化の進展が社会に与える影響について考察する
6．体育	・自分の動きを撮影して，振り返りを行う ・上手な人の動作を撮影しておいて，お手本にする ・記録保持者の情報を集めて傾向を分析する
7．芸術（書道・美術・音楽）	・作品をポートフォリオに残す ・コンピュータを用いて，制作する ・制作した作品を，ウェブページを用いて公開する

8．家庭	・裁断する前に，洋服のシミュレーションソフトを用いて，コーディネートを考える ・移住環境の相違について，離れたところに住む人とディスカッションする ・情報機器を活用して，食生活を記録し，日々の食生活について振り返る

高等学校においては，昼休みや放課後にも情報活用能力を発揮する場面が，小学校や中学校に比べて格段に増える。授業でスキルを習得させ，昼休みや放課後には，生徒がある程度自由に使用できる環境が整っていると，生徒が能力を向上させる場面が広がる。具体的には，学校図書館の図書や新聞，データベースが充実し，コンピュータやプリンタを生徒が使える環境にするとよい。生徒が困ったときに尋ねることができる人員がいるとなお望ましい。環境が整っていれば，ホームルームや部活動での取り組みの幅も増えるだろう。

生徒はレベルの高い情報メディアに触れて日々生活している。おとなが思っているよりも，「こうしたい」という活動の欲求は高く，それに応えられる環境とサポート体制が整っていると，情報活用能力は飛躍的に高まる。

3　探究型学習における情報メディアの活用

（1）「総合的な学習（探究）の時間」と教科における探究

2018年に告示された学習指導要領では「総合的な学習の時間」が「総合的な探究の時間」へと名称が変更になり，高等学校における「総合的な探究の時間」における探究の要素は今後ますます強くなる。「総合的な探究の時間」の目標は次のように示されている。

「総合的な探究の時間」の目標

探究の見方・考え方を働かせ，横断的・総合的な学習を行うことを通して，自己の在り方生き方を考えながら，よりよく課題を発見し解決していくための資質・能力を次のとおり育成することを目指す。

（1）探究の過程において，課題の発見と解決に必要な知識及び技能を身に付け，課題に関わる概念を形成し，探究の意義や価値を理解するようにする。

（2）実社会や実生活と自己との関わりから問いを見いだし，自分で課題を立て，情報を集め，整理・分析して，まとめ・表現することができるようにする。

（3）探究に主体的・協働的に取り組むとともに，互いのよさを生かしながら，新たな価値を創造し，よりよい社会を実現しようとする態度を養う。

与えられたことを指示されるままに行えばよいという時代は終わった。これからは，自分で問題を発見でき，周りの人と協力しながら，問題を創造的に解決していくことが求められる。「総合的な探究の時間」はそれを最も実現可能にする時間なのである。問題を解決する際には，課題を設定し，情報の収集，整理・分析，相手にわかりやすく伝えることという情報活用能力も欠かせない。

なお，「総合的な探究の時間」において，学校図書館との連携に関しては次のように記載されている。

第３　指導計画の作成と内容の取扱い

２－（9）学校図書館の活用，他の学校との連携，公民館，図書館，博物館等の社会教育施設や社会教育関係団体等の各種団体との連携，地域の教材や学習環境の積極的な活用などの工夫を行うこと。

2018年に告示された学習指導要領では，教科名に「探究」を含む教科も次のように初めて新設された。各教科においても，「探究」の重要性が強調されている。

・古典探究

・地理探究
・日本史探究
・世界史探究
・理数探究基礎
・理数探究

（2）高等学校における「探究」の具体的事例と情報メディアの活用（桐蔭学園高等学校・中等教育学校後期課程）

神奈川県横浜市の桐蔭学園高等学校では，図表12－5のように「探究」を進めている。週に1時間，2年間にわたる授業で，高1では1学期に共通スキルとして，探究のプロセスを体験しながら，高等学校における探究の基本について学ぶ。2学期からはゼミに分かれて，自分の興味・関心に基づいて課題を設定し，探究を進める。

高2では，引き続きゼミごとに探究を深めていき，2学期に行われる発表会では全員が発表し，3学期には2年間の成果を論文としてまとめる。

図表12－5　桐蔭学園高等学校「探究」の流れ

	高校1年生			高校2年生		
	1学期	2学期	3学期	1学期	2学期	3学期
内容	共通スキル	個人・グループ研究			発表	論文
形態	クラス単位	ゼミ形式（分野別）				

2019年度開講ゼミ

異文化理解ゼミ	数学ゼミ
サイエンス（地学・生物系）ゼミ	社会科学ゼミ
社会の中にある数学ゼミ	ニューテクノロジーゼミ
サイエンス（物理・化学系）ゼミ	文学ゼミ
英語ゼミ	社会問題ゼミ
日本文化ゼミ	教育ゼミ
ジェンダーゼミ	メディアゼミ
GISゼミ	国際ゼミ
建築と交通都市計画ゼミ	身の回りの科学ゼミ
生物ゼミ	日本語学ゼミ

地域研究ゼミ	科学（物理・地学）ゼミ
マルチゼミ	サブカルチャー批評ゼミ
マーケティングゼミ	数学・算数と教育ゼミ
伝統芸能ゼミ	アート・カルチャー研究ゼミ
地理・日本文化研究ゼミ	情報・メディアゼミ
くらしと科学ゼミ	日本文学・民俗学ゼミ

こうした「探究」の活動において，課題の設定や，情報収集において，情報メディアの活用は必要不可欠である。高校生段階の「探究」では，生徒が興味・関心を持ったテーマについて，各ゼミを担当している教員がすべての領域を網羅することは困難であるため，生徒に必要なのはさまざまな情報メディアである。高校生が扱う情報メディアには，図書，ウェブサイト，データベース，雑誌，新聞等がある。扱う情報メディアは同じであっても，中学生のときには難しかった読解も可能となる。生徒の読解力に応じて，論文や専門誌などにも挑戦させたいところである。複数の情報メディアの活用も，より高い次元で可能になる。

情報メディアの活用に偏ることなく，インタビューや実験，観察等の手法にも積極的に挑ませたい。自分で情報収集を行うことにより，各情報メディアがどのように情報を形成しているかを知ることにもつながるからである。

（3）高等学校の「探究」における学校図書館の役割と体制

こうした「探究」を生徒が円滑に進められるようにするためには，学校図書館メディアの充実が欠かせない。そのためには，司書教諭と学校司書の連携が重要となってくる。

桐蔭学園高等学校の学校司書の磯智子氏によると「司書教諭のみで情報メディアを充実させるのは難しい。学校図書館の選書は，主に司書の役割。教員の希望に従うだけでなく，全体のバランスを見渡し，まんべんなくそろえなければならない。情報メディアを入れ替えていく目を学校司書が持っていることにより，生徒のリクエストにも応じたり，情報メディアを活用する生徒の楽しみにつなげたりすることができる。司書教諭と学校司書が連携することによって図書館が充実し，教員の要望に応えられる体制を作ることができる」という。

さらに磯氏は「そうした役割を学校図書館が果たすためには，学校と学校図書館をつなぐ司書教諭の役割が肝要である」と指摘する。「司書教諭が中心となって教科と結びつき，情報メディアに目を向けることで，さらに図書館が生きてくる。司書教諭の働きがなければ，本当に求められる情報メディアの充実とは“ずれた”学校図書館となる場合がある。一見，情報メディア資料がそろっているように見えても，資料が全く活用されない学校図書館はただの自習室となってしまうこともある」という。一方，司書教諭と学校司書の連携にあたっては「例えば『貧困に関する情報メディアを集めてほしい。選書はお任せします』といった伝え方をするのではなく，どのような観点での資料が必要なのか，具体的に教えてほしい。そして，授業展開でどのように資料を使うかを知ることで的確な資料収集が可能となるため，できれば指導案を見せてほしい。より具体的に聞くことによって，授業者の要望に沿った情報メディアを集めることができる。授業が終わってから，実はこういった資料がほしかったと言われても学校司書は対応することができない」という思いを吐露している。

司書教諭が生徒への指導助言と教員への助言の役割を担い，学校司書が情報メディアを整備することにより，学校図書館を活用する学習活動の質が高まることは明らかである。

（4）おわりに

本項では，高等学校の「総合的な探究の時間」について説明したが，各教科の内容を深め，自分の興味・関心を深めるための学校図書館の利用は，すべて「探究」につながっているといえる。

高等学校卒業後に就職する生徒にとっては，情報メディアについて学校で学ぶ最後の機会となる。社会に出ても困らない情報活用能力と探究する力を育成して送り出したいものである。

（登本洋子）

〈注〉

（注１）文部科学省『教育課程部会 家庭，技術・家庭，情報専門部会（第１回）配付資料７　情報科教育の現状について』「普通教科「情報」創設の経緯」2007年（https://warp.ndl.go.jp/info:ndljp/pid/11125733/www.mext.go.jp/b_menu/shingi/chukyo/chukyo3/024/siryo/attach/1402273.htm［2021年５月14日現在参照可］）

（注２）注１参照

（注３）注１参照

（注４）注１参照

（注５）注１参照

（注６）文部科学省『高等学校学習指導要領』（平成11年告示）（http://www.mext.go.jp/a_menu/shotou/cs/1320338.htm［2021年５月14日現在参照可］）

（注７）文部科学省『教科書制度の概要（平成15年５月）（抄）』「３．教科書の種類数・点数・需要冊数（平成15年度用）」（https://www.mext.go.jp/a_menu/shotou/kyoukasho/gaiyou/03062701.htm［2021年５月13日現在参照可］）

（注８）文部科学省『教育課程部会　情報ワーキンググループ　資料８　情報教育に関連する資料教科』「「情報」に関する現状について」2015年

（注９）水越敏行，村井純，生田孝至編『新・社会と情報』日本文教出版　2018年

（注10）水越敏行，村井純，生田孝至編『新・情報の科学』日本文教出版　2018年

（注11）山極隆監修『高校社会と情報 新訂版』実教出版　2018年

（注12）山極隆監修『情報の科学 新訂版』実教出版　2018年

（注13）文部科学省『情報活用能力調査（高等学校）調査結果』2017年（http://www.mext.go.jp/a_menu/shotou/zyouhou/detail/__icsFiles/afieldfile/2017/01/17/1381046_01_1_1.pdf［2021年５月６日現在参照可］）

第XIII章 特別な支援を要する児童生徒への情報メディアの活用事例

1　特別支援教育の現状

（1）特別支援教育の定義と対象

文部科学省による特別支援教育の定義は以下のとおりである。

> 障害のある幼児児童生徒の自立や社会参加に向けた主体的な取組を支援するという視点に立ち，幼児児童生徒一人一人の教育的ニーズを把握し，その持てる力を高め，生活や学習上の困難を改善又は克服するため，適切な指導及び必要な支援を行うもの（文部科学省ウェブサイト「特別支援教育について」）[注1]

さらには特別支援教育のあり方について，

> 特別支援学校のみならず，幼稚園，小学校，中学校，高等学校，中等教育学校の通常の学級に在籍する発達障害のある子どもを含めて，障害により特別な支援を必要とする子どもたちが在席するすべての学校において実施されるもの[注2]

として，その範囲を示している。

文部科学省初等中等教育局特別支援教育課が2018（平成30）年６月に発表した特別支援教育資料（2017（平成29）年度）では，特別支援学校の種別に，視覚障害，聴覚障害，知的障害，肢体不自由，病弱・身体虚弱があげられている[注3]。

中には障害が重複しているケースもあり，また各障害においてもその度合いがさまざまであることは言うまでもない。

図表13－1　特別支援教育対象の概念図[注4]

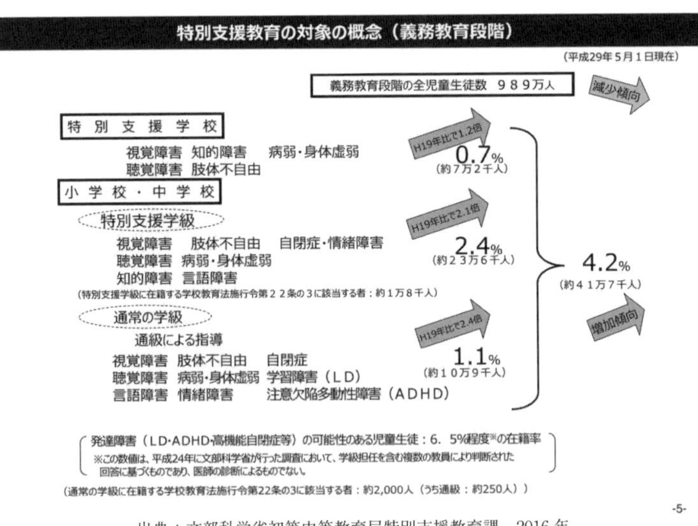

出典：文部科学省初等中等教育局特別支援教育課　2016年

特別支援教育対象の児童生徒の総数が約1,000万人であり，少子化で総数は減少傾向ではあるものの，特別支援学校，小学校，中学校，特別支援学級，通級で指導を受けている児童生徒は増加していることがわかる。

（2）発達障害の種類

今日の学校では，身体的な障害を主とするもののほか，他者からは生活や学習の困難がわかりにくく，症状に個人差の大きい発達障害・学習障害を抱えた児童生徒が一般教室で学ぶことが定着し，支援の充実のために，支援技術の開発と普及は喫緊の課題となっている。

発達障害の種類について，以下に基本的な説明をあげておく。

①LD（学習障害）

LD（Learning Disabilities）学習障害とは，知的発達の遅れはないが，読み，書き，聞く，話す，計算などの能力のうち，特定の分野に困難を有する傾向が多く見受けられるものである。

文部科学省ウェブサイトでは，1999（平成11）年７月の「学習障害児に対する指導について（報告）」よりの抜粋として，以下が紹介されている（注5）。

> 学習障害とは，基本的には全般的な知的発達に遅れはないが，聞く，話す，読む，書く，計算する又は推論する能力のうち特定のものの習得と使用に著しい困難を示す様々な状態を指すものである。
>
> 学習障害は，その原因として，中枢神経系に何らかの機能障害があると推定されるが，視覚障害，聴覚障害，知的障害，情緒障害などの障害や，環境的な要因が直接の原因となるものではない。

② ADHD（注意欠陥多動性障害）

ADHD（Attention-Deficit/Hyperactivity Disorder）注意欠陥多動性障害と　は，注意力，衝動性，多動性などが年齢や発達に相応にコントロールすることが難しく，社会生活や学習への支障が現れる障害である。

文部科学省ウェブサイトでは，2003（平成15）年３月の「今後の特別支援教育の在り方について（最終報告）」参考資料より抜粋として以下の定義を紹介している。

> ADHDとは，年齢あるいは発達に不釣り合いな注意力，及び／又は衝動性，多動性を特徴とする行動の障害で，社会的な活動や学業の機能に支障をきたすものである。
>
> また，７歳以前に現れ，その状態が継続し，中枢神経系に何らかの要因による機能不全があると推定される。（注6）

③高機能自閉症・アスペルガー症候群

高機能自閉症・アスペルガー症候群では，コミュニケーションや状況把握などに困難を生じ，特定のものへのこだわりなどが強く表れることがある。

文部科学省ウェブサイトでは，2003（平成15）年３月の「今後の特別支援教育の在り方について（最終報告）」参考資料より抜粋として，以下の定義を紹介している。

> 高機能自閉症とは，３歳位までに現れ，１他人との社会的関係の形成の困難さ，２言葉の発達の遅れ，３興味や関心が狭く特定のものにこだわることを特徴とする行動の障害である自閉症のうち，知的発達の遅れを伴わないものをいう。
>
> また，中枢神経系に何らかの要因による機能不全があると推定される。[注７]

また同サイトでは，アスペルガー症候群について，以下の説明を行っている。

> 知的発達の遅れを伴わず，かつ，自閉症の特徴のうち言葉の発達の遅れを伴わないものである。なお，高機能自閉症やアスペルガー症候群は，広汎性発達障害に分類されるものである。[注８]

これらの発達障害の中でも，情報へのアクセスを保障する機関である図書館がとくに配慮すべきは，読むことに関する障害や困難を抱える子どもたちへの支援であろう。これは公共図書館，大学図書館，学校図書館などの館種を問わず，すべての図書館，情報サービス機関に等しく意識されるべき点である。

ただ，学校図書館が他の図書館と異なるのは，小学校・中学校という義務教育期間を含んでいるために，すべての国民が必ず９年間通学する環境内に位置しているという点である。とくに初等教育機関である小学校においては毎日顔を合わせる担任教員や支援教員との関係は緊密であり，児童生徒が抱えている障害や困難に気づきやすいという利点がある。読書指導にかかわる司書教諭にとっては，読みの困難を抱えた児童生徒へのアプローチや支援の熟達は，読みに関する特別な支援の必要性への気づきという観点からも大きな課題の１つということができる。きめ細やかな読書指導を通して，当人が自覚していない読みの困難に気づくことができるのも，学校図書館という環境ならではの機会である。よりよい支援のためにも司書教諭には，読みの発達や困難についての知識を有することが望まれる。

2　学習障害

前節での引用のとおり，学習障害とは，「全般的な知的発達に遅れはないが，聞く，話す，読む，書く，計算する又は推論する能力のうち特定のものの習得と使用に著しい困難を示す様々な状態を指すもの」とされる(注9)。

その種類はさまざまで，言語能力に関するもの，とくに読字・書字の困難，計算能力，推論のほかにも，社会性や運動，注意集中に関する困難などがある。

図書館における活動の中心に読書があることを考えると，最も関係性が深いものは読字にまつわる障害・困難（ディスレクシア dyslexia）であるといえる。

読字障害とは，一般に脳機能の障害により，文字認識がうまくできない症状のことを指すが，当事者の文字の見え方や，症状の軽重などには個人差が激しく，欧米先進国に比べると日本においてはまだ充分に研究や社会認知が進んでいない障害である。

文字が読めないということは，書字において文字を再現することにも困難がともなうことが多いようであり，それを書字障害（ディスグラフィア dysgraphia）と呼ぶ。

3　読字障害

（1）読字障害の割合

文部科学省が2012（平成24）年12月に実施した「通常の学級に在籍する

特別な支援を要する発達障害の可能性のある児童生徒の調査結果について」の内訳を見ると，通常学級で，発達障害の可能性のある児童総数は6.5%，65万人である。図表13－2の３つのカテゴリーには，LD，ADHD，自閉症スペクトラムがあるが，重複部分があることに注意が必要である。

図表13－2　通常学級在籍の特別支援を要する発達障害の可能性のある児童生徒の内訳（注10）

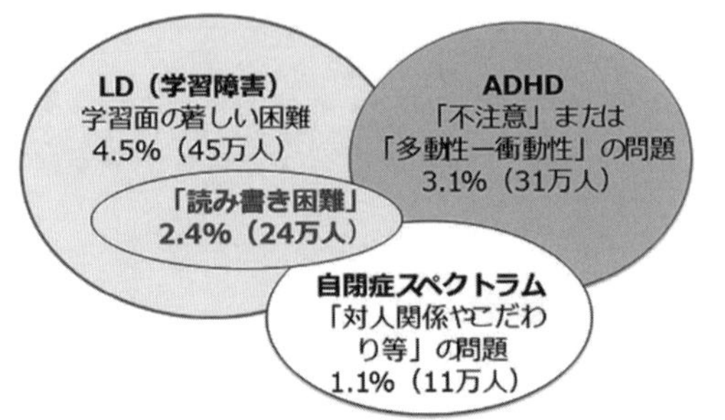

出典：文部科学省　2012年

学習に著しい困難を持つ児童生徒のうち，とくに読み書きに困難がある割合は2.4%，24万人となり，学習障害全体の半数以上の割合を占めることになる。

（２）読字障害の定義

国立成育医療研究センターによる読字障害（ディスレクシア）の定義・解説によれば，ディスレクシアとは，「1896年に英国のMorgan先生が最初に報告した文字の読み書きに限定した困難さをもつ疾患」であり，「知的能力の低さや勉強不足が原因ではなく，脳機能の発達に問題があるとされ」，「2013年に改定された米国精神医学会の診断基準（DSM-5）では，限局性学習症（いわゆる学習障害）のなかで読字に限定した症状を示すタイプの代替的な用語としてdyslexia（ディスレクシア）を使用しても良いこと」になったとある。読字困難は書字困難につながるために，日本では「発達性読み書き障害」とも呼ばれることがあるとしている（注11）。

（３）読字障害の症状

国立成育医療研究センターでは，読字障害の初期症状として，以下の症状を紹介している。

- ・幼児期には文字に興味がないし，覚えようとしない
- ・文字を一つ一つ拾って読む（逐次読み）
- ・語あるいは文節の途中で区切ってしまう
- ・読んでいるところを確認するように指で押さえながら読む
- ・文字間や行間を狭くするとさらに読みにくくなる
- ・初期には音読よりも黙読が苦手である
- ・一度，音読して内容理解ができると二回目の読みは比較的スムーズになる
- ・文末などは適当に自分で変えて読んでしまう
- ・本を読んでいるとすぐに疲れる（易疲労性）[注12]

また，自らが読字障害の当事者である神山忠（岐阜県立関特別支援学校教諭・2007（平成 19）年当時）氏は，講演の中で，さまざまな画像を用いて，読字障害の当事者の文字の見え方について紹介している。以下神山氏の講演資料から引用した例である[注13]。

図表 13 － 3　読字障害者の文字の見え方の例

(1)[注14]

思い出して下さい。あなたの
クラスにこんな子は，いませ
んでしたか。黒板をノートに
写し取るのに時間がかかる
子。ノートのマスから文字が
はみ出してしまう子。本読み
がつまりつまりでしか読め
ない子。きっといたことと思
います。彼らは，そうしたく
てしていたのでしょうか。そ
れとも，がんばっていたのだ
けれどもそうなっていたので
しょうか。

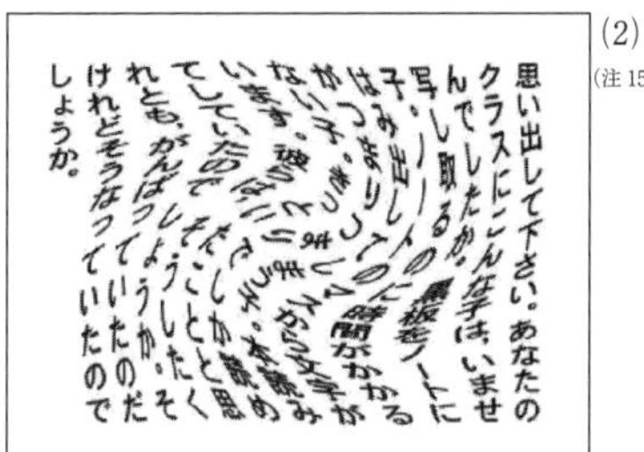

(2)[注15]

(3)
(注16)

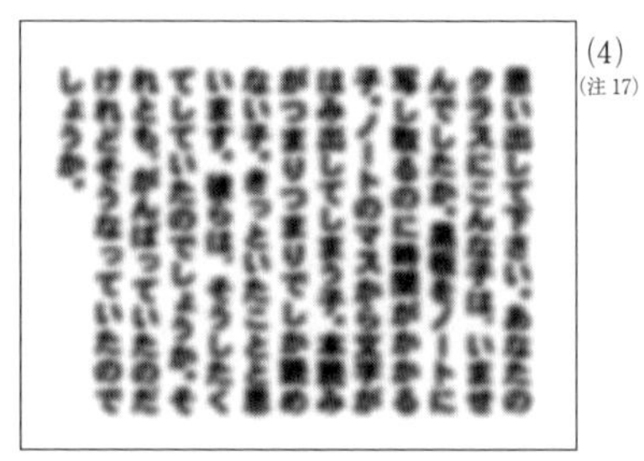

(4)
(注17)

出典：神山　2008年

見え方は個人による差が大きく，背景の色を変える，コントラストを強くする等，見えやすくする工夫とその効果も人それぞれであるようだ。

いずれにしても，他者には，読字障害の当事者が，こうした文字認識の困難のためにどれほどの辛さを感じているかについて気づくことは難しい。当事者も他者との文字認識の違いを理解することができずに苦しむことになるので，学校教育や図書館などの社会教育の分野で，子どもの読みにかかわる専門職の中に，読字障害・困難に気づくための基礎知識を持つ人間が存在することは非常に重要である。司書教諭は，教育学と図書館情報学の双方の素養を持ち，その最前線に立つべき専門職であると考えられる。

4　学習を支援する情報メディアの活用

（1）マルチメディアDAISYの活用

①マルチメディアDAISYとは

読字障害に対する読みの支援として機能するデジタルツールとして代表的なものにマルチメディアDAISYがある。

そもそもDAISY（Digital Accessible Information System）とは，視覚障害者や普通の印刷物を読むことが困難な人々のためのアクシブルな電子書籍の国際標準規格として，50か国以上の会員団体で構成するデイジーコンソーシアム（本部スイス）により開発と維持が行われている情報システムを表している。当初は視覚障害者のためのカセットテープに代わるデジタル録音図書の規格として開発されたDAISYは，その後マルチメディアに対応し，テキストや画像との同期再生を実現することで，利用対象者を視覚障害者のみならず，読字障害や学習障害，知的障害を抱える子どもたちにも拡げることとなった(注18)。

日本では2008年にいわゆる「教科書バリアフリー法」(障害のある児童及び生徒のための教科用特定図書等の普及の促進等に関する法律)，2010年に改正著作権法が施行されたことを背景に，それまで視覚障害など身体的な障害に制限されていた利用対象が学習障害者に拡大され，全国でDAISY教科書やDAISY図書の利用者数は近年増加傾向にある。

②マルチメディアDAISYの特徴

画面上でテキストが表示されるのと同時に，テキストを読み上げる音声が連動するところがマルチメディアDAISYの特徴である。カラオケのモニターで，流れている曲の歌詞の部分のマーキングが，曲の進行に合わせて移動するが，それと同じ原理である。

図表13－4　マルチメディアDAISYの仕組み(注19)

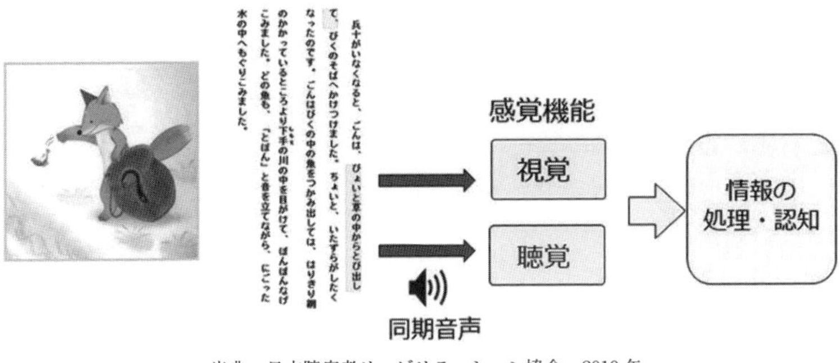

出典：日本障害者リハビリテーション協会　2019年

読字障害の当事者は，文字の認識や判別に時間がかかる，行間が狭いと文字認識が困難になるなどの特徴があるため，読み上げ部分にハイライトがあり，それが音声とともに移動することで，読んでいるテキストを少ない負担で追うことが可能となる。軽度な障害・困難であれば，このような読みの支援があることにより，自らの困難さの度合いに合わせた自力での文章読解が可能になる場合もある。実は，これをアナログで可能にしたものにリーディングトラッカーがある。定規のようなサイズのプラスチックのシートの真ん中が透明のスリットになっており，自分が読んでいる行にスリット部分を当てて動かすことにより，視線が逸れずに文章を追うことが可能となる。リーディングトラッカーは健常者でも，外国語の細かい文字や，文庫本の小さな文字を追うときに重宝することがある。高齢者もしかりである。

これらの読むための支援は，出版のユニバーサルデザインであり，北欧諸国では印刷物の出版時に必ず，読みの障害・困難者のための電子版を出版することが義務づけられている国もある。電子製版で出版活動が成立している日本においてもさらなる社会的な認識と発展が望まれる分野である。

③マルチメディア DAISY コンテンツ

日本においてマルチメディア DAISY の普及促進に努めている日本障害者リハビリテーション協会は，現在入手可能なコンテンツについて以下のとおり紹介している。

■図書館が借用・購入できるマルチメディアDAISY（2019年６月時点）

□日本障害者リハビリテーション協会

（無料でダウンロード，および販売１タイトル500円～）

一般利用可：54タイトル[注20]

障害者のみ：75タイトル

□日本ライトハウス 情報文化センター製作部電子書籍ユニット（無料でダウンロード）：134タイトル

□伊藤忠記念財団 電子図書普及事業部（無償配布）（CD１枚に複数タイトル収録）

一般利用可：155タイトル ７枚[注21]

障害者のみ：350タイトル 24枚

□国立国会図書館 障害者サービス（無料でダウンロード）

音声DAISY：19,778 タイトル

テキストDAISY：15 タイトル

マルチメディアDAISY：54 タイトル

□サピエ図書館（所蔵館より相互貸借。かっこ内はダウンロードできるタイトル）[注22]

音声DAISY：257,761（88,526）タイトル

テキストDAISY：7,300（7,155）タイトル

マルチメディアDAISY：797（240）タイトル

ダウンロードする場合図書館などは年間利用料 40,000 円

④マルチメディア DAISY の規格と仕様

（ⅰ）DAISY 規格

DAISY 規格は，前述のとおり，1990 年代に視覚障害者対象のデジタル録音図書の規格として開発され，2000 年代に入ってマルチメディア化を遂げ，利用対象を印刷物の読み障害(print disability)者へと拡大した。2011 年には，電子出版規格と統合して EPUB3 となり，EPUB3 は国際標準規格 ISO で採用される予定となっている。

現在音声 DAISY とマルチメディア DAISY で流通しているのは，DAISY2.02 規格で，テキスト DAISY は DAISY3.0 規格で流通しているが，今後は漸次 EPUB3 に移行するものと考えられている。

（ⅱ）DAISY 図書の再生に必要な機器・ソフト

再生には，専用の機器を使う方法，パソコンやタブレット端末を使う方法などがある。

□「プレクストーク」などの専用機器は，音声に限り，すべてのDAISYを再生可能である。

□テキストDAISYやマルチメディアDAISYは，コンピュータやタブレッ

ト端末に専用の再生ソフトをインストールすることで再生可能となる。ここでは代表的なものを紹介するが，詳細は日本障害者リハビリテーション協会のウェブサイトから閲覧可能である（注23）。

■DAISY再生用ソフト

□Windows PC対応：アミ（AMIS: adaptive multimedia information system）は無料で利用できるオープンソースのDAISY再生用ソフトウェアである。フルテキストおよびフルオーディオのマルチメディアDAISYの再生が可能で，DAISY 2.02規格をサポートしている。

□iPad・iPhone・iPod touch（iOS 13, 14）対応：ボイス オブ DAISY 5（バージョン5.5）は，iPhone，iPad，iPod touchで使えるDAISY 2.02, DAISY 3, アクセシブルなEPUB3の再生プレイヤーアプリである。

⑤マルチメディア DAISY 教科書

読字障害・困難の支援に関して，学校現場における喫緊の課題は，児童生徒が日々使用する教科書のマルチメディア DAISY 化である。現在まで，マルチメディア DAISY 化された教科書（以下「マルチメディア DAISY 教科書」）は，印刷物の教科書と異なり無償配布ではなく，市販もされていない。その製作は，今なおボランティアに依存している状況である。

先述のとおり，日本では2008 年にいわゆる「教科書バリアフリー法」，2010 年に改正著作権法が施行されたことを背景に，それまで視覚障害など身体的な障害に制限されていた著作権の適用除外対象に学習障害が含まれ，全国で DAISY 教科書や DAISY 図書の作成や利用が認められるようになった。法整備以前から当事者の保護者や関係者が中心となり作成されてきたマルチメディア DAISY 教科書が，法改正後は一定の条件と手続きを満たすことで，作成や利用における著作権法の壁が取り払われたのである。

図表 13 − 5　DAISY 教科書の申請と利用の流れ (注 24)

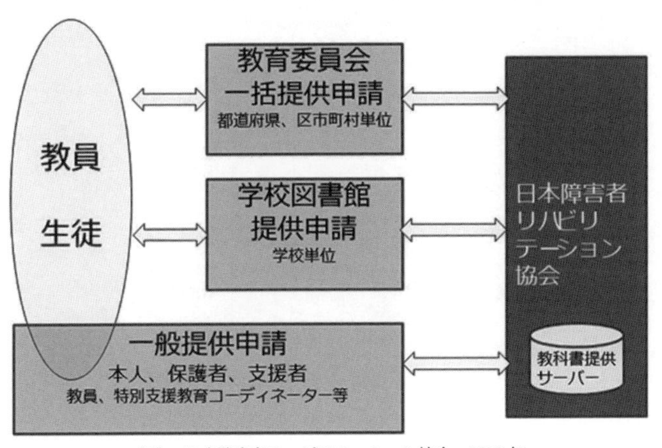

出典：日本障害者リハビリテーション協会　2019 年

現在は，個人の他，自治体の教育委員会単位で申請すると，同一地域のすべての学校で使用が可能になるため，申請が増加傾向にある。ただし以下の点に注意が必要である。

- 利用目的は，通常の印刷された教科書では読むことが困難な児童生徒の学習用途に限定される。
- 申請は，本人の他，保護者，教員，特別支援教育コーディネーター，教育委員会，支援者も行うことができる。
- 提供システムで，公開しているDAISY教科書のデータは，許可なく複製したり，第三者へ譲渡することは禁じられている。
- 利用申請は年度ごとに行う必要があり，申請した年度が終了したら，DAISY教科書のデータは利用者が責任をもって破棄しなければならない。

図表 13 − 6　マルチメディア DAISY 教科書の利用申請状況の推移 (注25)

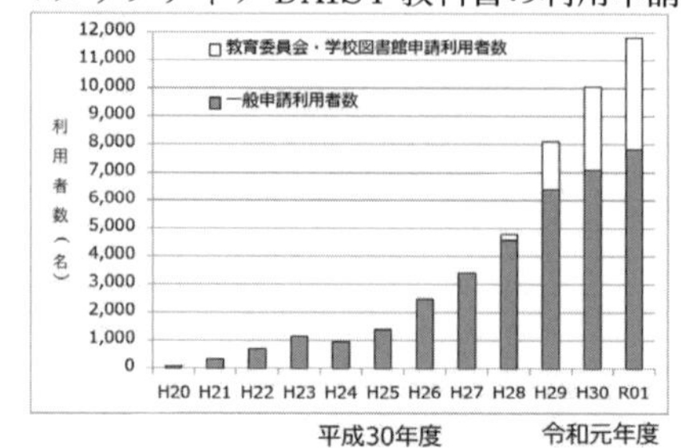

	平成30年度		令和元年度
教育委員会、学校図書館申請：	2,949名	➡	3,973名
一般申請：	7,090名		7,832名
合計：	10,039名		11,805名

出典：日本障害者リハビリテーション協会　2019 年

日本障害者リハビリテーション協会集計による 2019（平成 31）年度の利用実績は，教育委員会，学校図書館申請が 3,973 名，一般申請（保護者，教員）が 7,832 名の計 11,805 名である。教育委員会，学校図書館申請がここ数年急増しているとはいえ，いまだ保護者や教員といった個別のケースによる申請が多数であり，10,039 名という値は，読み書き障害の 24 万人のうち５％程度でしかなく，普及にはほど遠い状況と言える。

（２）障害支援のためのその他の情報メディア

最後に，マルチメディア DAISY 以外の，読みの支援のための情報メディアを簡単に紹介しておく。

①さわる絵本

子どもの視覚障害者を対象としたサービスや資料はまだまだ限られている。わずかに布などで製作された「さわる絵本」が，子どもの知覚にうったえるメディアとして存在する程度である。市販のものもあるが種類に乏しい。公共図書館では，地域のボランティアに委託して製作するなどして収集・所蔵に努めているところも多いが，学校図書館では所蔵しているところは少ない。今後の目配りが必要な部分である。

②点字絵本・ユニバーサルデザイン絵本

従来の点字図書は，視覚障害者のみが読む仕様のものが多かったが，近年の点字図書，ことに児童向け絵本や図書の中には，健常者が読む絵本の上に透明の塩化ビニールに印字した点字テープを貼付し，健常者も視覚障害者も同時に楽しめるユニバーサルデザインタイプのものが製作されている。

③大活字本

学校図書館を利用する児童生徒の中には，弱視や視野狭窄などの症状を持つ子どもも存在する。大きな活字の図書は，読字障害の児童生徒，障害と判定されてはいないが文字を追うのが苦手な児童生徒にとってもユーザーフレンドリーなメディアとして有用である。

（河西由美子）

〈注〉

（注１）文部科学省『特別支援教育について』（https://www.mext.go.jp/a_menu/shotou/tokubetu/main.htm［2020年９月１日現在参照可］）

（注２）文部科学省『パンフレット「特別支援教育について」特別支援教育（後半）』2015年（https://www.mext.go.jp/a_menu/shotou/tokubetu/main/__icsFiles/afieldfile/2015/10/06/1243505_002.pdf［2020年９月１日現在参照可］）

（注３）文部科学省初等中等教育局特別支援教育課『特別支援教育資料（平成29年度）』2018年

（注４）文部科学省初等中等教育局特別支援教育課『特別支援教育の現状と課題（平成26年12月４日初等中等教育分科会　教育課程部会　参考資料５）』2016年（http://www.mext.go.jp/b_menu/shingi/chukyo/chukyo3/004/siryo/__icsFiles/afieldfile/2014/12/24/1353714_14.pdf［2020年９月１日現在参照可］）

（注５）文部科学省『学習障害（LD），注意欠陥／多動性障害（ADHD）及び高機能自閉症について』2009年以前（https://www.mext.go.jp/b_menu/shingi/chukyo/chukyo0/toushin/attach/1396626.htm［2020年９月１日現在参照可］）

（注６）注５参照。

（注７）注５参照。

（注８）注５参照。

（注9）注5参照。

（注10）文部科学省初等中等教育局特別支援教育課『通常の学級に在籍する発達障害の可能性のある特別な教育的支援を必要とする児童生徒に関する調査結果について』2012年（https://www.mext.go.jp/a_menu/shotou/tokubetu/material/__icsFiles/afieldfile/2012/12/10/1328729_01.pdf［2020年9月1日現在参照可］）

（注11）国立成育医療研究センター『ディスレクシア～ディスレクシアとは』（https://www.ncchd.go.jp/hospital/sickness/children/007.html［2020年9月1日現在参照可］）

（注12）注11参照。

（注13）神山忠『平成19年度　DAISYを中心としたディスレクシアキャンペーン事業　シンポジウムDAISYを中心としたディスレクシアへの教育的支援　報告書』2008年（https://www.dinf.ne.jp/doc/japanese/access/daisy/symp20080112/kouen1.html［2020年9月1日現在参照可］）

（注14）注13参照。

（注15）注13参照。

（注16）注13参照。

（注17）注13参照。

（注18）DAISY研究センター「エンジョイ・DAISY　私らしい方法で読む，わかる！」（http://www.dinf.ne.jp/doc/daisy/index.html［2020年9月1日現在参照可］）

（注19）日本障害者リハビリテーション協会『DAISY図書（デジタル図書）の研究開発・普及』（https://www.jsrpd.jp/overview/daisy/［2020年9月1日現在参照可］）

（注20）ここで紹介したDAISY図書の利用は，「一般利用可」を除き著作権法第37条第3項で定められた，視覚障害，発達障害，その他の障害により，印刷された活字著作物を読むことが困難な方に限る。

（注21）同上。

（注22）サピエ図書館は，DAISY図書など視覚障害者等用の資料の全国の書誌情報とコンテンツのダウンロード，相互貸借が可能なサービスである。点字図書館のほか，公共図書館も194館が加入し障害者の方に広く利用されている。

（注23）注19参照。

（注24）注19参照。

（注25）注19参照。

情報メディアを取り巻く連携の事例

1　教員研修

（1）教員研修の種類

日本において教員研修は，その運営主体ごとに整備され，多様な研修形態が制度化されて運営されている。以下は教職員支援機構による分類である。

図表 14 － 1　教職員研修の手引き

- 教職員研修
  - 自己研修
  - 校内研修
    - 校内集合研修等特別に設定した研修
    - 仕事を通しての研修(OJT)
  - 校外研修
    - 行政機関での研修
      - 国の研修
      - 都道府県教育委員会の研修
      - 市町村教育委員階での研修
    - 民間及び任意団体等での研修
    - 教職大学院等での研修

出典：独立行政法人教職員支援機構　2018 年[注1]

日本の教員文化として特筆すべきは，校内研修や自己研修であろう。また，ひとくちに校内研修と言っても，自治体単位の研修システムとして，各種の分科会が存在し，その指定校に選ばれれば，そのテーマに沿った校内研修を数年間にわたって実施することになる。

また，校外の研修と校内の研修には緩やかなつながりもある。例えば学校図書館研修の指定校となった場合には，一年のうちに数回，地域の教員の研修のために公開授業を行うことが義務づけられ，その準備のために，校内においても研究授業が行われるという仕組みである。

さらには，校長の裁量で，とくに外的な指定や要請がなくとも，学校単位で研修テーマを定めて重点的に研修を行う場合もある。

こうした研修の過程でしばしば実施される研究授業は，日本の教員文化のお家芸ともいえる。その文化が米国など海外から Lesson study として注目され，授業研究という日本独特のスタイルに新しい光が当たってから久しい(注2)。

（2）教員研修の内容と学校図書館

国や自治体などの教育行政機関が実施する研修は，初任者や中堅向けなど，経験年数によって内容が異なっている。

図表 14 － 2　教員研修の実施体系

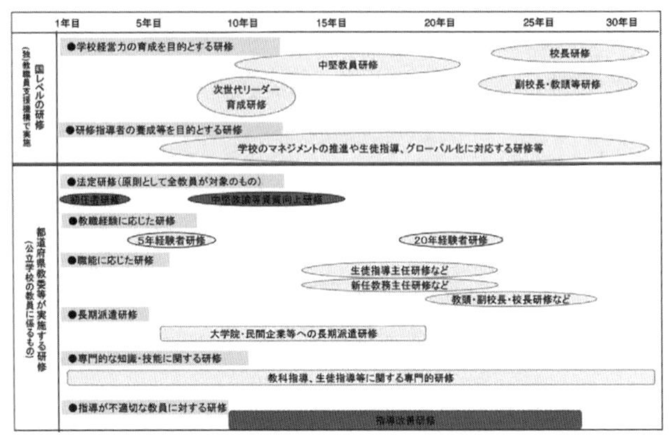

出典：文部科学省　総合教育政策局教育人材政策課(注3)

残念ながら，初任者研修の内容例に学校図書館は含まれていない(注4)。中堅教員研修についても同様で，研修内容の一覧の中に学校図書館という領域は見当たらない。アクティブ・ラーニングや，ICT を活用した指導という項目はあるのに，それに隣接し，学びを支える施設としての学校図書館での指導に関する項目は不在である。

しかしながら，地方自治体単位で運営されている各種の教育研究会の中には必ず学校図書館部会が存在し，地域ごとに実践発表や研究活動が行われている。学校図書館を研究領域にしている筆者は，時折校内研修や校外研修に招かれ，研修の講師や研修や研究授業の講評を依頼される機会があるが，そうした場で学校図書館担当の指導主事に会うことはほとんど無い。学校図書館分野を兼任する指導主事は存在するかもしれないが，学校図書館が専門の指導主事は，残念ながらほとんどの自治体には配置されていない。校外・校内研修で学校図書館が取り扱われても，学校図書館実践のポイントや実践の意義を見極められるだけの専門知識や経験を有する指導主事が存在しないことは，1953 年以来，70 年近い歴史を持つ日本の学校図書館を考えると，おおいに悩ましい部分である。今日においても教員全般における，学校図書館の存在はまだまだ希薄だと考えざるを得ない。

少なくとも司書教諭資格科目の概論的科目である「学校経営と学校図書館」の科目内容を，教員養成の過程での必修科目として，すべての教職履修者が学ぶ仕組みが望ましい。また，研修においても，アクティブ・ラーニングや ICT を活用した指導･支援の研修の中に，それらを支える学習情報センター，教材センターとしての学校図書館の要素が組み入れられることが望ましいと考える。本書各章で解説してきたように，学校図書館で取り扱う情報メディアの種類は，伝統的な図書資料からインターネットに代表されるデジタルメディアまで多種多様である。「ICT を活用した指導・支援」を情報機器操作のみにとどめることなく，多様な教育情報コンテンツを選択し活用するための学校図書館の役割の重要性について，ぜひ全教員が養成･研修の中で学び，学校図書館の今日的な意義についての認識が高まることを願ってやまない。

（3）自己研修

図表 14 － 1 では，自己研修とひとくくりになっているが，個々の教員が任意で参加している各種の勉強会の機会も実に豊富である。国際比較でも，日本の教員は勤務時間が長く，業務量が多い一方で[注5]，指導力の高さは定評のあるところであるが，ひとたび学校を離れても研鑽を積もうとする向上心の高さが，教育実践の下支えとなっていると考えられる。

幸いこうした任意の勉強会においては，学校図書館にかかわるものが全国各地に存在し，熱心な司書教諭や図書館に関心の高い教員がコミュニティを構築している。

2　学校司書

2014（平成26）年，学校図書館法が一部改正され，「学校には，学校図書館の運営の改善及び向上を図り，児童又は生徒及び教員による学校図書館の利用の一層の促進に資するため，専ら学校図書館の職務に従事する職員として学校司書を置くよう努めなければならない」として，従来から実体としては存在していたものの法律上の記載のなかった「学校司書」が，初めて学校図書館法に明記された。

しかしながら，その養成に関しては，司書教諭や図書館司書のような法的根拠をともなう規定は示されず，学校図書館法の附則第２項において「国は，学校司書の職務の内容が専門的知識及び技能を必要とするものであることに鑑み，この法律の施行後速やかに，新法の施行の状況等を勘案し，学校司書としての資格の在り方，その養成の在り方等について検討を行い，その結果に基づいて必要な措置を講ずる」とされたのみである。

2016（平成28）年，文部科学省は，「学校図書館の整備充実に関する調査研究協力者会議」を設置し，同会議は同年10月に「これからの学校図書館の整備充実について（報告）」(注6) を取りまとめた。それを受けて文部科学省が定めたものが「学校司書のモデルカリキュラム」であり，大学等に対して，モデルカリキュラムをふまえた授業科目の開講や履修証明プログラムの実施など，学校司書の養成に向けた協力を求める形となっている。

これを受けて一部の大学では2017年度より大学に学校司書のモデルカリキュラムにもとづいたコースやプログラムを設け始めている。

さらに，2018年8月23日，文部科学省は，全国の教育委員会や都道府県，大学等に対して，「学校司書のモデルカリキュラム」の改正を通知した。この改正は，2017年11月交付の「教育職員免許法施行規則及び免許状更新講習規則の一部を改正する省令」によって，2019年4月1日以降，教育職員免許法施行規則上の科目区分等が変更されることにともなうものであり，「学校司書のモデルカリキュラム」中の単位読み替えに関する部分が一部変更となったもので，2020年現在，各大学で開講している学校司書に関する授業科目開講，履修証明プログラムは改正後の内容になっている。表は，モデルカリキュラムの科目一覧である。その多くが，図書館司書および学校図書館司書教諭資格のために設置された科目の読み替えとなっている。

図表14－3　文部科学省「教育職員免許法施行規則の一部改正に伴う『学校司書のモデルカリキュラム』の改正について（通知）」の「（別紙）「学校司書のモデルカリキュラム」（平成31年4月1日以降）」(注7)

	科目名	司書	教職課程	司書教諭	単位数
学校図書館の運営・管理・サービスに関する科目	学校図書館概論			※	2
	図書館情報技術論	○			2
	図書館情報資源概論	○			2
	情報資源組織論	○			2
	情報資源組織演習	○			2
	学校図書館サービス論				2
	学校図書館情報サービス論	※			2
児童生徒に対する教育支援に関する科目	学校教育概論		※		2
	学習指導と学校図書館			○	2
	読書と豊かな人間性			○	2
なお，単位の計算方法は，大学設置基準等によるものとする。				計	20

※「学校図書館概論」は，司書教諭の科目「学校経営と学校図書館」を履修した場合には，「学校図書館概論」を履修したものと読み替えることも可能とする。

※「学校図書館情報サービス論」は，司書資格の科目「情報サービス論」又は「情報サービス演習」において「学校図書館情報サービス論」の内容のうち1），5），6）の内容を含んだ科目として，この2科目の両方を履修した場合には，「学校図書館情報サービス論」を履修したものと読み替えることも可能とする。

※「学校教育概論」は，教科及び教職に関する科目のうち，以下の内容を含む科目をすべて履修した場合には，「学校教育概論」を履修したものと読み替えることも可能とする。

教育の基礎的理解に関する科目のうち，

・「教育の理念並びに教育に関する歴史及び思想」の事項を含む科目

・「幼児，児童及び生徒の心身の発達及び学習の過程」の事項を含む科目
・「特別の支援を必要とする幼児，児童及び生徒に対する理解」の事項を含む科目
・「教育課程の意義及び編成の方法（カリキュラム・マネジメントを含む。)」の事項を含む科目

2020年現在，モデルカリキュラムの実施大学はまだ一部にとどまっている[注8]が，今後は大学でモデルカリキュラムを受講した学校司書が，学校図書館の現場で働くケースが生じてくるだろう。司書教諭と学校司書との連携が，今後の学校図書館運営の鍵となってくることは明白であろう。

3　司書教諭養成とリカレント教育

（1）司書教諭と学校司書の連携

探究型の学習やアクティブ・ラーニングを志向する学習指導要領では，学校図書館を活用した指導は，司書教諭のみならず，すべての教員の関与が求められるようになるだろう。

2019年1月，全国学校図書館協議会は，「学校図書館に関する職務分担表」を発表し，学校司書が配置されることを前提とした学校図書館運営の役割分担のあり方を提示した[注9]。

同分担表は，学校図書館の職務を，①経営，②運営，③指導，④協力体制，⑤整備，⑥奉仕の6種類に大分類し，さらに各カテゴリを具体的な職務に細分化したリストである。校長，司書教諭，学校司書，教職員の中の主たる担当者に◎が付けられ，かかわる担当者には○が付けられている。

情報メディアに関するものの中で，司書教諭が主たる担当になっている職務としては，以下があげられる（かっこ内は前述の大分類を指す)。

・図書館メディア（各種資料）の選定基準（経営）
・図書館メディア（各種資料）の廃棄基準（経営）
・学校図書館メディア収集計画の決定，資料選定会議の開催（運営）
・情報メディア活用計画の立案（運営）

・図書館管理システムの管理（運営）
・マルチメディアネットワークの管理（運営）
・電子メディア等の利用支援（指導）

むろん，各職務には学校司書も関与し，特に学校図書館メディア（資料）の整備，整理業務は，学校司書が主たる担当者となっているが，計画の立案や意思決定をともなう項目はすべて司書教諭の責任の基に実施される構造になっている。司書教諭としては，これらの責任をともなう項目について充分にリーダーシップを発揮すると同時に，司書教諭や他の一般教員では負担しきれない資料の準備や，情報メディアを含めたコレクションの形成について，図書館業務の専門家としての学校司書の専門知を引き出す姿勢や意識を持つことが重要である。

（2）探究型学習を創る実践的研修

筆者と共同研究者が取り組んできた実践研究に「調べ学習パッケージ」という，図書館側からの資料提供のノウハウを，調べ学習を効果的に実践したいと考える教員に提供して，共同で授業づくりをするプロジェクトがある[注10]。

2009年6月，仙台市教育委員会確かな学力育成室，東北大学，せんだいメディアテーク（仙台市民図書館）の協力の下，宮城県仙台市の「情報活用型授業を深める会」所属の仙台市教員26名を対象に，ワークショップという形で実践を行った。

ワークショップは二部構成になっており，一部では，あらかじめ，筆者を含む数名のファシリテータが，仙台市民図書館の協力を得て事前に選書し準備したテーマごとの調べ学習用資料を使って，参加教員が小学校低学年児童の調べ学習を模擬体験してみるというもので，用意したクイズ形式の問いをグループごとに図書資料を用いて解いていくワークであった。

その後，小学校中学年向けに，調べ学習のテーマを，用意された図書資料を基に設定するというワークを行った。

参加者からは以下のような感想が寄せられた。

・蔵書を選ぶ側として，問いのたてられる本，その観点から本をさがしてみたい。本を吟味する観点を発見した。
・図書館の本の「背表紙さがし」から脱却しきれていない。目次や索引をこちらから見せて進めてはいますが……。
・図書の質と量，学校には限界が……。
・問いをたてるということは，子ども，教える側，どちらもむずかしいということがわかった。
・「調べる」ことのおもしろさをどのように生徒に芽生えさせるか。それがポイントになりそう。たんに「答え」を見つけるだけでも子どもたちは喜ぶかもしれないがさらにそこを超えて……。

2000年代までは「探究」という用語はまだ現在のように教育現場には普及しておらず，「調べ学習」という用語を使用していた。その後，このワークショップは好評を博し，2010年代に入って，全国各地の自治体の研修などで繰り返し実践する機会を得た。

実はこのワークショップの隠れたねらいは，学校側に，公共図書館や図書館職員への学習支援を依頼する方法を学んでもらうところにあった。2020年代に入った現在，学校司書が各校に配置されるようになり，学校図書館だけでは不足しがちだった探究のための多様な図書資料は，学校司書が公共図書館への団体貸出制度を活用すること等により確保が容易になりつつある。

情報メディアは，デジタル資料やデジタルツールなどを含め多様化しているが，図書館が最も得意とするメディアは図書資料である。地域の公共図書館と学校図書館を結び，また学校図書館で不足している図書資料を調達する上で，探究学習のサポーターとして，学校司書の果たす役割はこれからますます大きいものになるだろう。

問題は教員と学校司書が合同で研修を受ける機会がなかなかないことである。地域によっては行政の縦割りのために，教員研修と学校司書の研修が合同ではできないという事例も散見される。

（3）これからの司書教諭養成とリカレント教育

米国の学校図書館制度においては，専門職制度が確立しており，学校図書館メディアスペシャリストのリーダーシップの下に，学校司書などが准専門職として配置され，チームとして学校図書館を運営する仕組みが確立していた。さらに1980年代以降の，図書館における情報リテラシー育成の機運の中で，学びのためのパートナーシップ（注11）ということが叫ばれてきた。ここでのパートナーシップとは，学校図書館にかかわる教職員と一般教員，さらには家庭，地域のつながりの中で学校図書館運営をプロジェクト化する試みである。

日本においては，学校図書館法の下，司書教諭と学校司書という二職種が併置されることになり，その役割分担や専門性のあり方などについては未整理の部分も多い。しかしながら，当面の司書教諭の最大の課題は，新たに配置された学校司書とのパートナーシップであることは明らかである。学校司書の職務をどのように捉えるか，を考えることは，実は司書教諭とは何か，どのような役割が期待されるかを問い直すことにつながるのではないだろうか。

その意味で，今後の司書教諭養成には，学校司書との協働を前提とした働き方やコミュニケーションスキルの要素が必須であると考えられる。

またリカレント教育には，アクティブ・ラーニングや探究型学習など，最新の学習指導要領にもとづいた内容を，学校司書や一般教員等とのワークショップ型の研修によって学ぶことが効果的であると考えるものである。

（河西由美子）

〈注〉

（注１）教職員支援機構『教職員研修の手引き―効果的な運営のための知識・技術―』2018 年（https://www.nits.go.jp/materials/text/files/index_tebiki2018_001.

pdf［2020年８月１日現在参照可］）

（注２）日本教育方法学会編『日本の授業研究　授業研究の歴史と教師教育』（上巻・下巻）2009年

（注３）文部科学省　総合教育政策局教育人材政策課『教員研修の実施体系』2009年　更　新（https://www.mext.go.jp/a_menu/shotou/kenshu/__icsFiles/afieldfile/2019/10/29/1244827_001.pdf［2020年８月１日現在参照可］）

（注４）文部科学省『初任者研修目標・内容例（小・中学校）』2007年（https://www.mext.go.jp/a_menu/shotou/kenshu/006.htm［2020年８月１日現在参照可］）

（注５）OECD“TALIS - The OECD Teaching and Learning International Survey”2019年（http://www.oecd.org/education/talis/［2020年８月１日現在参照可］）

（注６）文部科学省　学校図書館の整備充実に関する調査研究協力者会議『これからの学校図書館の整備充実について（報告）』2016年

（注７）文部科学省『学校司書のモデルカリキュラム（平成31年4月1日以降）』2018年　8　月23日（https://www.mext.go.jp/a_menu/shotou/dokusho/link/__icsFiles/afieldfile/2018/10/25/1410290.pdf［2020年８月１日現在参照可］）

（注８）川原亜希世，岡田大輔，図書館学教育研究グループ，学校司書のモデルカリキュラムの実施状況とその課題，図書館界，2019，71巻，２号，p.135-141

（注９）全国学校図書館協議会「学校図書館に関する職務分担表」2019年１月（https://www.j-sla.or.jp/pdfs/20190101syokumubuntanhyou.pdf［2020年８月１日現在参照可］）

（注10）河西由美子「調べ学習パッケージの開発：学校図書館を活用した探究学習のすすめ」学校図書館　2010年１月　711号　p.30-32

（注11）第Ⅱ章注16参照。（最終校正のための注：Information Power: Building Partnerships for Learning 1998）

情報メディアをめぐる課題と展望

1　情報メディアの活用と知的財産権

(1) 知的財産権とは何か

一般的に，学校内で産み出されるさまざまな児童生徒の作品や課題の成果について知的な権利を意識することは少ないといえるだろう。大きく２つの要因があり，１つにはそれらがあくまで学校教育のために制作され，学外に出ることを想定する状況が限られていること，もう１つは著作権法において，教育活動を目的とすることを理由に著作権法の適用除外を受けられる項目が存在することによると考えられる。しかしながら実は教育を目的とする適用除外も，その条項を詳細に読めば，きわめて範囲が限られているものであり，教育の名の下にすべてが許されるというような鷹揚なものではないのである。

本項では，知的財産権という考え方，その中で最も学校図書館に関連の深い著作権について取り上げることとしたい。

知的財産基本法第２条によれば，「知的財産」は以下のように規定されている。

> 発明，考案，植物の新品種，意匠，著作物その他の人間の創造的活動により生み出されるもの（発見又は解明がされた自然の法則又は現象であって，産業上の利用可能性があるものを含む。），商標，商号その他事業活動に用いられる商品又は役務を表示するもの及び営業秘密その他の事業活動に有用な技術上又は営業上の情報をいう。

知的財産権には，「特許権，実用新案権，育成者権，意匠権，著作権，商

標権その他の知的財産に関して法令により定められた権利又は法律上保護される利益に係る権利」が含まれるとされている。

特許庁のウェブサイト(注1)では，知的財産の特徴の1つとして，

> 「『もの』とは異なり『財産的価値を有する情報』であること」を挙げており，「情報は，容易に模倣されるという特質をもっており，しかも利用されることにより消費されるということがないため，多くの者が同時に利用することができます。こうしたことから知的財産権制度は，創作者の権利を保護するため，元来自由利用できる情報を，社会が必要とする限度で自由を制限する制度ということができます

と述べている。

本書では，知的財産権の中でも，学校において最も日常的に意識しやすい著作権を中心に取り扱うこととしたい。

（2）学校生活と著作権

①児童生徒への著作権教育

学校関係者の中にも通常の学校生活の中で，児童生徒の学習活動や表現活動の中で著作権指導を必要とする局面が限られていると考える人は，多いかもしれない。しかしながら，著作権指導はそれが必要となったときに行えばよいというものではなく，日常的に他者の著作権に配慮する意識を養うことが重要である。そして学校図書館は，第三者の著作物を公益のために無料で共同利用するという図書館の持つ性質から，学校の中でも最も著作権を意識すべき場所ということができる。また図書館司書の有資格者は，資格取得の過程で図書館における著作権の重要性を学習しているため，図書館においては，しばしば複写や貸出に関連して著作権に触れる機会が多いという背景もある。

新学習指導要領（2017～2018年告示）を見る限り，知的財産権は，表現活動をともなう書道，美術，音楽，情報などの各教科で取り上げられている。

一方著作権については，わずかに中学校の技術・家庭科，高等学校の家庭科などの単元が示されているのみであるが，学校図書館での活動を視野に入れると，著作権に関する指導をする機会は意外に多い。例えばレポート作成時における引用の重要性や，正しい引用方法などは小学校から意識づけや指導が可能である(注2)。

著作権法第１条は「著作物並びに実演，レコード，放送及び有線放送に関し著作者の権利及びこれに隣接する権利を定め，これらの文化的所産の公正な利用に留意しつつ，著作者等の権利の保護を図り，もつて文化の発展に寄与することを目的とする」としているが，対象となる著作物や，著作権の分類（著作者人格権と著作権（財産権）），さまざまな種類の権利があるため，学校教育においてすべてを網羅して教え込むことは難しく，またそこまでの必要性もないと思われる。

著作権教育のための具体的な教育・学習コンテンツとしては，近年文化庁が，児童生徒を対象とした著作権学習ソフトウェア，教職員を対象とした指導事例集，初心者向けのテキスト，著作権Ｑ＆Ａデータベース「著作権なるほど質問箱」を文化庁ウェブサイト(注3)を通して広く提供しているので，参考にするとよいだろう。

例えば同ウェブサイトの「５分でできる著作権教育」では「著作権教育の段階的指導モデル」として，小学校段階では「Ａ　作者の気持ちの尊重」というレベルから指導可能であると記述されている。要するに「自分の作品を勝手に真似されたらどう感じるか」という著作者の気持ちを想像するというところから始めるのである。

近年とくに注意喚起が必要な事項としては，2012年10月１日施行の違法ダウンロードの刑事罰化がある。違法なインターネット配信から販売または有料配信されている音楽や映像を，その事実を知りながら「違法ダウンロード」（録音・録画）する行為が，刑罰の対象とされたもので，技術的にはだれでも行為者に成り得る簡易さがあるため，若年層にもとくに認識を徹底させる必要があろう。

図表 15 － 1　著作権教育の段階的指導モデル

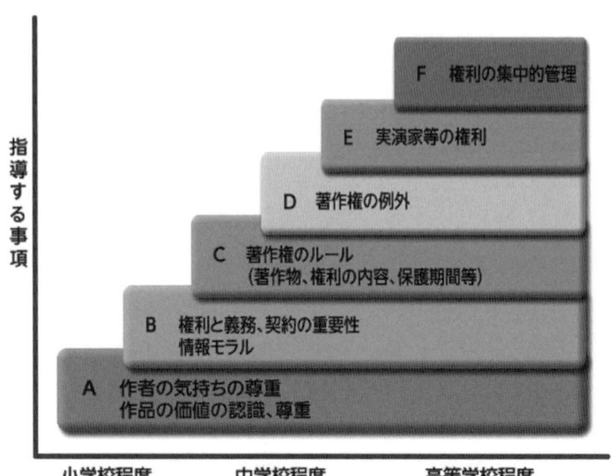

出典：著作権情報センター（CRIC）／日本教育情報化振興会（JAPET）(注4)

②教職員への著作権への注意喚起について

学校図書館において著作権法に抵触しがちな事項は大きく２つがあろう。

１つは学校図書館内におけるテレビ録画映像の管理である。例えば，学校その他の営利を目的としない教育機関では，教育を担当している教員は，テレビ番組の著作権や著作隣接権の保有者に許可なく録画し，授業で上映することができる。ただし，録画した番組をライブラリー化して教員や児童生徒がいつでも見られるような状態にすることまでは許容されていない(注5)。

つまり学校図書館で，教員各自が保有しているテレビ録画映像を保管して利用の都度供することは著作権法上禁じられているのである。

もう１つは学校図書館内にコピー機を置き所蔵資料を複写する行為である。著作権法第 31 条「図書館等における複製」において，「法令で定められた図書館などに限り，利用者に対し複製物の提供を行うことができる」とある。しかしながらこの「法令で定められた図書館」に学校図書館は含まれていないことには注意が必要である。公共図書館のように図書館内で利用者がいつでも複写をしてよいというわけではない。

一方で，学校内における複写は，著作権法第 35 条「学校その他の教育機関における複製等」において,「教育を担任する者及び授業を受ける者は,授業の過程で利用するために著作物を複製し，公衆送信や公の伝達をすることができる」とされており，学校内のコピー機を用いて複写を行うことができる。ただし，公衆送信（遠隔授業のための同時配信を除く）を行う場合には，教育機関の設置者は一定の補償金の支払いが必要（2018 年改正著作権法の公布日（2018 年 5 月 25 日）から 3 年以内に施行)。法律の内容には絶えず変化や追加が生じるため注意が必要である。

2　学校図書館における個人情報保護

（1）児童生徒の意識づけ

学校図書館運営においてとくに注意すべき情報モラルと個人情報保護についての問題は，主として利用者の貸出記録の管理に関連して発生する。

近年は学校図書館でも電子目録が整備され，図書委員が図書館システムを活用して，図書の貸出返却作業をすることも増えてきている。児童生徒自身がシステムにログインして活用する場合には，当然アカウントやパスワードの管理を厳格にし，必ず複数で作業をさせる，児童生徒が閲覧できる範囲を限定するなどの設定を行う必要がある。

電子化いかんによらず，カウンターで貸出返却業務を行う場合には，だれが何の本を借りているかの情報は目視できるため，図書委員の守秘義務として業務上知り得た情報を他言しないというルール作りと指導を徹底することが求められる。明文化した図書委員会の規則を作成しておくことも重要である。

（2）教職員の意識づけ

2015 年 11 月 30 日に公益社団法人日本図書館協会図書館の自由委員会が「神戸高校旧蔵書貸出記録流出について（調査報告)」と題した報告書[注6]

を発表した。その内容は以下のとおりである。

> 2015年10月５日，『神戸新聞』夕刊に「村上春樹さん　早熟な読書家　仏作家ケッセルの長編　高１で愛読」の見出しで，村上氏が在学していた県立高校の本から同氏の貸出記録が出てきたことが報じられた。中見出しには「母校神戸高に貸し出し記録　蔵書整理の元教諭が発見」とあり，“「村上春樹」と記名された帯出者カード”と“村上春樹さん”，“ケッセルの全集から村上春樹さんの痕跡をみつけたNさん”の写真が掲載されている。電子版『神戸新聞NEXT』にも同内容のテキストが掲載され，さらに“村上春樹さんが書いた３枚の図書カード”の写真も追加情報として掲載された。いずれも，同じカードに残る他の生徒の名前もはっきりと見てとれる。村上春樹氏は1964年４月に兵庫県立神戸高等学校に入学しており，当時，同校はニューアーク式―借りるときは本の内側のポケットにある図書カードに氏名を記入する―貸出方式であった。
>
> 図書カードの掲載に疑問を呈する投稿がネット上にあいつぎ，『神戸新聞NEXT』では，翌日には３枚の図書カードの写真掲載を中止，その後，紙面に掲載した１枚のカードも掲載を中止した。（中略）
>
> 日本図書館協会には，「図書館の自由に関する宣言の第３図書館は利用者の秘密を守る，に抵触するのではないか」，と対処を求める問い合わせが複数寄せられた。

これは著名人が対象となった例ではあるが，一般に教職員においては，学校図書館が学校内の設備であることから，教育活動のためには児童生徒の図書館利用情報はとくに保護する理由がないと考える人も多いのではないかと思われる。しかしながら学校図書館は授業のためだけに利用する設備ではなく，休み時間や放課後などの自発的な自由読書を担保する場でもある。さらに前述の記事にもあるとおり，図書館界では「図書館は利用者の秘密を守る」という「図書館宣言」にもとづき，読者の個人情報の保護については厳格な基準を設けている。このあたりの取り扱いについては，学校教育側の観点，図書館における情報モラルや利用者情報の保護の観点から双方が折り合ってルール作りをすることが望ましい。

実際に学校司書が提案し，教育委員会で策定した「学校図書館管理システム運用基準」の事例を事項で紹介したい。

3　図書貸出記録の取り扱いのルール作りの事例

富山県砺波（となみ）市は，2020 年 10 月時点の同市ホームページによれば，富山県の西部に位置する人口 48,122 人の市であり，小学校８校，中学校４校で，学校図書館司書は各校１名配置（非正規職員）となっている。

同市では市内小中学校に順次学校図書館システムが導入され，2015 年春にすべての学校で運用が開始され，学校図書館に関する情報管理がシステム上で可能となった。しかし，各校でそれまでにも設けられていた児童生徒向けの「図書の貸出ルール」はあるものの，コンピュータの管理・データ処理に関しては，各学校司書の裁量に任されている状況で，負担が大きい上，何か問題が起こる都度，各学校司書が担当教諭や管理職と相談して運用のルールを決めていた。また，学校司書の中には，コンピュータの扱いに不慣れな者もおり，パスワードの設定や，コンピュータに不具合が起きたときなど，学校司書だけでは対処できない場合もあった。その他にも，利用者の貸出履歴や延滞者の扱いなど，個人情報の管理についてさらなる配慮が求められる実態があった。デジタル化社会を迎え，このような個人情報の取扱いについて，学校生活の中で児童生徒に体験し，身につけていってもらいたいという考えが学校司書を中心に芽生え始めた。

そこで，学校司書，教育委員会・市立図書館の担当者で構成する「学校図書館司書研修会」において，市内小中学校の学校図書館システムにおける情報管理について，取り扱いのベースとなる市内統一のルールを作成することが計画された。

作成までのプロセスでは，まず，2015 年８月に実施された研修会で，学校司書11名が3グループに分かれ，各人が現在の状況や対応に苦慮している点，改善点など今後の検討課題を出し合った。さらに同年12月の研修会までに配布された資料を各自検討し，研修会でさらに意見を出し合うことが求められた。その際に提示された課題を以下に示す。

・パスワードの設定
・司書が不在時のコンピュータの扱いについて
・バックアップ用USBの保管
・卒業生・転出者の読書履歴の扱い
・進級処理の際利用した元名簿の扱い
・個人コード一覧表の使用・保管
・貸出履歴の扱い
・延滞督促について

こうした，開かれた丁寧な議論の下，2017年4月1日，砺波市教育委員会は「砺波市学校図書館管理システム運用基準」の運用を開始した（図表15－2）。

これは，学校内の情報管理に問題意識を抱いた学校司書の気づきと発案が市全体の運用基準に発展した好例である。各校の司書や司書教諭が時に応じてまちまちの判断を行うのではなく，こうした地域での統一した基準を，学校図書館を中心に教育委員会や公共図書館のネットワークの中で策定していくことは，図書館における個人情報保護の意識を高める点においても意義あることと考えられる。

4　学校教育における情報メディア専門家の役割

（1）歴史の中の学校図書館

今日，世界の教育現場では，学習環境の情報技術革新が大きなテーマとなっ

図表 15－2　砺波市学校図書館管理システム運用基準

砺波市学校図書館管理システム運用基準

平成29年４月１日
砺波市教育委員会

□趣旨

１ この基準は，図書館管理システムの運用に関し，必要な事項を定めるもの。

□図書館管理システムの利用について

１ 図書館管理システム稼働時は，管理者モードのパスワードを必ず設定する。図書委員等児童生徒の使用を認める場合は，別モードを設定し，区別を明確にする。

２ 学校図書館管理データは，外部記録媒体（USB メモリ等）に定期的にバックアップ作業を行う。バックアップ用の外部記録媒体は，必ず鍵のかかる場所に保管する。

３ 利用者データについては，卒業や転出等で不要になり次第，随時削除，廃棄する。

４ 個人バーコードを児童生徒が使用する際は，学校司書や教諭の立ち会いを原則とする。

５ 学校司書が不在時のパソコンの取り扱いについては，校内で共通理解を図る。

□図書館管理システムの情報の取り扱いについて

１ 年度当初の学校図書館オリエンテーション等で，個人情報について留意する点を必ず指導する。

２ 委員会活動等で，児童生徒が本の貸出状況や貸出冊数を調べる際は，個人情報に留意するよう指導する。

３ 児童生徒の貸出履歴については，個人情報であるため原則として公開しない。貸出履歴を使用する場合は，校内でルールを決めたうえで使用する。

４ 放置本・破損本・紛失本等は校内で情報を共有し，教職員全体で改善の指導をする。

５ 延滞督促については，不用意に内容が公開されないようプライバシーに配慮する。

ている。それは先進国にとどまらず，アジア諸国においても日本に先んじる国や地域も存在している。

歴史的には，第二次世界大戦後，視聴覚教育の普及の影響が学校図書館にも及んだ米国では，メディア教育と図書館教育の融合を志向した学校図書館のメディアセンター化や，「学校図書館メディアスペシャリスト」という専門人材制度が確立された。英国でも，1970年代までに，地域ごとに学校図書館を支援する「学校図書館サービス」が，CAI（Computer Assisted Instruction）を支援する「教育工学センター」等と並んで設立された。

翻って日本では，戦後米国の強い影響下で始まった学校図書館制度は，1953年の学校図書館法の成立など一定の成果をみたものの，直後の国内政治体制の硬直化などもあり，教育政策の主流から離れて形骸化してしまったきらいがある。

1990年代後半に，高等学校の新しい教科「情報」の設置に先駆けて，情報教育の有識者会議が，学校図書館を校内の「学習情報メディアセンター」と位置づけ，司書教諭を「メディア専門家」と位置づけたモデルを発表したことは，学校図書館と情報教育が接点を持つ契機となる可能性を秘めていたが，学校図書館界からは目立った反応がないまま，学校図書館における情報技術の導入や革新は遅々として進まない現状がある。

（2）21世紀の図書館専門職像

21世紀を迎え，図書館情報学の分野からも，図書館の専門職養成の議論が進み，日本図書館情報学会の学会員を主たるメンバーとするLIPER（情報専門職の養成に向けた図書館情報学教育体制の再構築に関する総合的研究）プロジェクト[注7]では，学校図書館における情報専門職の問題について検討した成果が残されている。学校図書館における専門職に限らず，学校内における情報メディア専門家についての将来展望の一案として紹介しておきたい。

LIPER学校図書館班でまず議論されたのは，2001年の学校図書館法の一部改正（司書教諭の配置の見直し）が，過去半世紀の社会や情報環境の変化に対応したものであったのかという点であった。

LIPER学校図書館班は，日本の学校図書館の人員制度について，教員をもって充てる「充て職」司書教諭と，その空洞化が招いたともいえるいわゆる「学校司書」の２職種のはからざる並存が対立的な構図をもたらし，専門職についての本質的で健全な議論を阻んできたという批判的な前提に立ち，歴史的課題を内包する現行の司書教諭と学校司書の二職種制度を前提とせず，

1）今日のあるべき学校図書館像を仮想し，
2）現状の学校図書館の業務達成度を測定し，
3）両者のギャップから今後の学校図書館に求められる情報専門職像とその課題を導き出す，

という政策提案型のアプローチを選択し研究を行った。

LIPER報告書(注8)の「情報専門職（学校）」配置についての具体的課題を以下に示す。

1）現行の学校図書館法の枠内で司書教諭に代わる職種として位置づける。
2）学校図書館法・学校教育法・教育職員免許法の関連諸法を改正し，司書教諭を養護教諭や栄養教諭と並んだ専門職とする。養成は大学院における専門教育とする。
3）まったく新しい大学院レベルでの養成制度を設置する。

１案は法改正や大幅な養成課程の改革を要求しないが，専門職教育の充実については疑問が残る。

２案は，学校組織内での実効性については検討の余地があるが，大学院での専門教育は，図書館情報学教育カリキュラム高度化の流れに合致している。

３案は図書館情報学教育の充実度の点では最も理想的だが，実現のためには米国のALA（全米図書館協会）や，オーストラリアのALIA（全豪図書

館協会）のような職能団体が専門職の質の担保と向上に明確な役割を果たすことが求められる。

日本では，学校図書館を独立した図書館ではなく，学校内施設として限定的に見る見方が図書館界に存在する一方で，学校図書館専門職をあくまで教員の枠内で処理しようとしてきたこれまでの教育行政の流れもあり，これらの点についても再検討が必要であろう（注9）。

（3）情報とメディアの教育者

第Ⅱ章で詳述したように，情報リテラシーは1980年代から世界的に図書館にとっての重要課題であり続けているが，21世紀を迎えて「二十一世紀型のスキル」（注10）として，国際団体ATC21S（Assessment and Teaching of 21st Century skills）が，その10の要素の中に「情報リテラシー」を含めており，他の9つの要素とともに情報リテラシーが「二十一世紀を生きぬく力」の一部として埋め込まれていることは注目に値する。

図書館が伝統的に有する読むための装置としての役割を基盤とし，情報やメディアの技能やリテラシーの育成に寄与すること，人類の知の遺産を引き継ぎ，生涯学ぶ機会や場所を保障することは，学校図書館とその専門職に課せられた重要な使命ということができるだろう。

ただし，それを担う人材なくしては，いかなる理念も絵に描いた餅に過ぎない。確かに2000年代以降，日本では法律上は司書教諭や学校司書について改正が行われ，人員の配置も進んではきたが，専門職についての本質的な議論が活発になされた成果とは言えない。司書教諭，学校司書それぞれの職務内容や養成のあり方は，いずれも現代的な教育ニーズや図書館ニーズを反映したものとは言えず，今日英語圏諸国や欧州で形成されている国際的な認証システムにおける情報専門職としての要件には到底達していない。厳しい言い方をすれば，司書教諭も学校司書も，国内の既存の枠組みの中でのやりくりの結果に過ぎないのである。

専門知識と学術研究に担保された職能集団が不在の日本の図書館界において，国際的な専門職の質保証に見合う図書館専門職をどう確立していくか，学校図書館だけの問題ではないが，将来的に継続して検討されるべき課題であることは明らかである。

（河西由美子）

〈注〉

（注１）特許庁『知的財産権について』2020年４月８日更新（https://www.jpo.go.jp/system/patent/gaiyo/seidogaiyo/chizai02.html［2020年８月１日現在参照可］）

（注２）著作権法第32条には「引用」について「引用の目的上正当な範囲内で自分の著作物に他人の著作物を引用して利用することができる」とある。

（注３）文化庁『著作権制度に関する情報』更新日不詳（http://www.bunka.go.jp/seisaku/chosakuken/index.html［2020年８月１日現在参照可］）

（注４）著作権情報センター（CRIC）／日本教育情報化振興会（JAPET）『５分でできる著作権教育』更新日不詳（http://chosakuken.jp/step.html［2020年８月１日現在参照可］）

（注５）放送コンテンツ適正流通推進連絡会『ホットライン　テレビ番組著作権』更新日不詳（https://www.tv-copyright.jp/qa/qa_03_01.html［2020年８月１日現在参照可］）

（注６）日本図書館協会自由委員会『神戸高校旧蔵書貸出記録流出について（調査報告）』2015年11月30日

（注７）上田修一（研究代表者）『LIPER（情報専門職の養成に向けた図書館情報学教育体制の再構築に関する総合的研究）プロジェクト報告書』2006年１月23日更新（http://old.jslis.jp/liper/report06/report.htm［2020年８月１日現在参照可］）

（注８）注７p.19参照。

（注９）根本彰は，日本の教育制度における学校図書館の位置づけについて以下の論考を著している。根本彰『教育改革のための学校図書館』東京大学出版会 2019年

（注10）ATC21S“Assessment and Teaching of 21st Century Skills”2011年10月13日掲載（http://atc21s.org［2020年８月１日現在参照可］）

関連資料一覧

《書籍》

新井紀子『AI vs. 教科書が読めない子どもたち』東洋経済新報社　2018年

梅津信幸『あなたはコンピュータを理解していますか？』ソフトバンククリエイティブ　2007年

カルラ・リナルディ『レッジョ・エミリアと対話しながら：知の紡ぎ手たちの町と学校』ミネルヴァ書房　2019年

国立教育政策研究所（編集）『生きるための知識と技能 OECD生徒の学習到達度調査（PISA）』2002年－2019年

国立国会図書館『平成19年度「図書館及び図書館情報学に関する調査研究」成果報告書「子どもの情報行動に関する調査研究」』（図書館調査研究リポート）2007年

後藤芳文，伊藤史織，登本洋子『学びの技　14歳からの探究・論文・プレゼンテーション』玉川大学出版部　2014年

塩谷京子『探究の過程におけるすぐ実践できる情報活用スキル55－単元シートを活用した授業づくり』ミネルヴァ書房　2019年

堀田龍也，山内祐平（著／監修）『クラウドで育てる 次世代型情報活用能力』小学館　2021年

堀田龍也（監修）高橋純，佐藤正寿，渡邉光浩，佐藤和紀（編集）改訂新版『わたしたちと情報（情報活用スキル編）』『私たちと情報（情報社会探究編）』学研教育みらい　2021年

堀田龍也（監修）上越教育大学附属中学校（著・編集）『GIGAスクール時代の学校 真・学び方　情報活用能力が学びに生きる　自己調整を促し創造性を発揮するICTの活用』東京書籍　2021年

山内祐平『学習環境のイノベーション』東京大学出版会　2020年

《書籍以外の資料（映像資料・デジタル教材等）》

【DVD】佐藤学監修『子どもたちの100の言葉　レッジョ・エミリア市の挑戦2001』発行：ワタリウム美術館　発売：(株) オクターブ　2012年

【デジタル教材】河西由美子・堀田龍也監修『図書館利用指導用提示ソフト　まかせて！学校図書館シリーズ』スズキ教育ソフト　2011～2018年

【DVD】財団法人日本障害者リハビリテーション協会製作『ENJOY DAISY　―私らしい方法で読む　わかる―世界共通のアクセシブルな情報システム』2007年

索引

《あ行》

《か行》

《さ行》

《た行》

《な行》

《は行》

《ま行》

《や行》

《ら行》

《ABC》

[第5巻担当編集委員・執筆者]

河西由美子（かさい　ゆみこ）

鶴見大学文学部ドキュメンテーション学科教授

東京大学大学院学際情報学府博士課程修了，博士（学際情報学）

外務省専門調査員（在シンガポール日本国大使館），同志社国際中学・高等学校（コミュニケーションセンター・Cybrarian），玉川学園全人教育研究所講師･玉川大学准教授（2006～2009年，玉川学園マルチメディアリソースセンター学習支援室長兼任）を経て2015年より現職

論文『情報リテラシー概念の日本的受容―学校図書館と情報教育の見地から―』（情報の科学と技術，67巻，10号，2017年）など。専門分野は子どもの情報行動，情報リテラシー教育，学習環境デザイン，探究学習など

[第5巻執筆者]（五十音順）

伊藤史織（いとう　しおり）

学校法人玉川学園マルチメディアリソースセンター司書教諭

2000年図書館情報大学卒業

共著に『学びの技　14歳からの探究・論文・プレゼンテーション』（玉川大学出版部，2014年）

塩谷京子（しおや　きょうこ）
放送大学客員准教授，アシスト工房SKY代表
関西大学総合情報学研究科博士課程修了，博士（情報学），国家資格キャリアコンサルタント
静岡市公立小学校教諭，関西大学初等部教諭・司書教諭／中高等部兼務を経て現職
著書『探究の過程におけるすぐ実践できる情報活用スキル55―単元シートを活用した授業づくり』（ミネルヴァ書房，2019年）など。専攻は，教育工学。関心分野は，情報リテラシー教育，読書教育，キャリア教育など

登本洋子（のぼりもと　ようこ）
東京学芸大学大学院教育学研究科准教授
東北大学大学院情報科学研究科博士課程修了，博士（情報科学）
玉川学園高学年（中３～高３）教諭，桐蔭学園中等教育学校／高等学校教諭・探究統括主任を経て現職
共著に『学びの技　14歳からの探究・論文・プレゼンテーション』（玉川大学出版部，2014年）

堀田龍也（ほりた　たつや）
東北大学大学院情報科学研究科教授，東京学芸大学大学院教育学研究科教授
東京学芸大学教育学部卒業，東京工業大学大学院社会理工学研究科博士後期課程修了，博士（工学）
東京都公立小学校教諭，富山大学教育学部助教授，静岡大学情報学部助教授，メディア教育開発センター准教授，玉川大学教職大学院教授，文部科学省参与等を経て2014年より現職
中央教育審議会委員，日本教育工学会会長

探究　学校図書館学

第５巻　情報メディアの活用　　分類 017

2021 年 8 月 10 日　初版発行
2023 年 6 月 30 日　第２刷発行

編著者　公益社団法人全国学校図書館協議会
「探究　学校図書館学」編集委員会
発行者　設楽敬一

印刷・製本　瞬報社写真印刷株式会社
発行所　公益社団法人全国学校図書館協議会
〒 112-0003 東京都文京区春日 2-2-7
電話 03-3814-4317（代）　FAX03-3814-1790

ISBN978-4-7933-2278-5